幼儿园手工与环境创设

主 编 邓 彦 江 红 周海燕
副主编 杨小茜 杨晓曈

电子工业出版社
Publishing House of Electronics Industry
北京·BEIJING

内容简介

《幼儿园手工与环境创设》包含上编和下编两个部分，上编幼儿园手工包含 3 个模块：幼儿园手工概述、材料与技法（纸材手工 1——折纸、纸材手工 2——剪纸、纸材手工 3——纸雕、泥材手工、布材手工、线材手工）和幼儿园环保材料手工；下编幼儿园环境创设也包含 3 个模块：幼儿园环境创设概述、墙饰与区角（家长墙创设、主题墙创设、常规墙创设、文化墙创设、生活区环境创设、体育区环境创设、语言区环境创设、角色区环境创设、科学区环境创设、建构区环境创设、美工区环境创设、表演区环境创设）和幼儿园环境创设整合。

本教材兼具理论性与实操性，可作为高等职业院校学前教育专业学生的学习用书，也可作为幼儿园手工与环境创设爱好者的参考书。

未经许可，不得以任何方式复制或抄袭本书之部分或全部内容。
版权所有，侵权必究。

图书在版编目（CIP）数据

幼儿园手工与环境创设 / 邓彦，江红，周海燕主编.
北京：电子工业出版社，2025. 3. -- ISBN 978-7-121-50045-9
Ⅰ. G613.6；G617
中国国家版本馆 CIP 数据核字第 2025FM7452 号

责任编辑：李书乐
印　　刷：涿州市京南印刷厂
装　　订：涿州市京南印刷厂
出版发行：电子工业出版社
　　　　　北京市海淀区万寿路 173 信箱　邮编 100036
开　　本：787×1092　1/16　印张：12.25　字数：308.8 千字
版　　次：2025 年 3 月第 1 版
印　　次：2025 年 3 月第 1 次印刷
定　　价：60.00 元

凡所购买电子工业出版社图书有缺损问题，请向购买书店调换。若书店售缺，请与本社发行部联系，联系及邮购电话：（010）88254888，88258888。
质量投诉请发邮件至 zlts@phei.com.cn，盗版侵权举报请发邮件至 dbqq@phei.com.cn。
本书咨询联系方式：（010）88254571 或 lishl@phei.com.cn。

前言 Preface

《幼儿园手工与环境创设》是根据高等职业学校学前教育专业人才培养方案编写的专业用书。本教材旨在系统培养学生运用手工技能进行幼儿园环境创设的实践能力，本教材的主要特点如下。

1. 践行职业院校教材开发新理念

一方面，紧密对接幼儿园岗位实际需求，依据行动逻辑重构知识，用模块架构教材体系，部分模块对应了典型的工作场景，充分彰显产教融合理念。另一方面，积极吸纳幼儿园环境创设领域的前沿理论，融入了教材编写人员的科研成果，使教材内容既源于实践又超越实践，体现了科教融汇的理念。

2. 探索教材内容跨学科融合

鉴于本教材对应课程兼具教育学科和美术学科的特性，本教材在跨学科知识融合方面进行了有益尝试，如在墙饰创设与区角创设等核心内容板块，依据精心梳理的五个结构要素有序展开，成功打破学科界限，将教育学科的育人理念与美术学科的创意表达有机融合，极大地提升了教材内容的综合性与实用性，为学生呈现出更具操作性与创新性的学习内容。

3. 聚焦教材使用者特点

为了提升教学效果，编者对教材内容进行了大幅优化。一是根据幼儿园岗位需求，精心筛选内容，突出学科知识结构，如在手工部分，重点介绍幼儿园常用材料与技法，摒弃不常用内容，确保所学皆所需。二是结合学生就业实际，考虑新手教师入职初期主要负责班级环境创设的实际，详细介绍了幼儿园班级环境创设方案，为学生提供了切实可行的实践指导。三是依据学前教育专业课程整体设计，鉴于精神环境、保育环境创设等内容已由其他课程涵盖，本教材主要聚焦于幼儿园班级物质形态的教育环境创设。

4. 教材中的图片和案例丰富，可读性强

在编写过程中，本教材收集了大量的图片与案例，主要来源于本专业在校学生及合作园所，部分经典案例与图片取自公共网络平台，增强了教材的可读性。在此，特别鸣谢成都市高新西区的尚华幼儿园、尚丰幼儿园、合源幼儿园、天瑞幼儿园，成都市金牛区的新铁沙湾幼儿园，成都市双流区的怡心第一幼儿园、中和第三幼儿园，成都市锦江区的菱窠幼儿园等园所给予的大力支持。

5. 本教材编写团队分工明确、各展所长

邓彦负责幼儿园手工概述部分的编写；江红负责纸材手工（折纸、剪纸、纸雕）、幼儿园环境创设概述、家长墙创设、主题墙创设、常规墙创设、文化墙创设及幼儿园环境创设整合部分的编写；周海燕负责泥材手工、生活区环境创设、体育区环境创设、科学区环境创设部分的编写；杨小茜负责布材手工、语言区环境创设、美工区环境创设部分的编写；杨晓曈负责线材手工、幼儿园环保材料手工、角色区环境创设、结构区环境创设、表演区环境创设部分的编写。

由于编者水平有限，书中如有不当之处，敬请读者批评指正！

编者

2024 年 8 月

目 录 Contents

上 编 幼儿园手工

模块一 幼儿园手工概述　2

模块二 材料与技法　8

　　任务一　纸材手工1——折纸　　/8
　　任务二　纸材手工2——剪纸　　/19
　　任务三　纸材手工3——纸雕　　/29
　　任务四　泥材手工　　/37
　　任务五　布材手工　　/54
　　任务六　线材手工　　/61

模块三 幼儿园环保材料手工　70

下 编　幼儿园环境创设

模块四　幼儿园环境创设概述　76

模块五　墙饰与区角　84

　　任务一　家长墙创设　/84
　　任务二　主题墙创设　/89
　　任务三　常规墙创设　/94
　　任务四　文化墙创设　/101
　　任务五　生活区环境创设　/106
　　任务六　体育区环境创设　/117
　　任务七　语言区环境创设　/126
　　任务八　角色区环境创设　/133
　　任务九　科学区环境创设　/147
　　任务十　建构区环境创设　/159
　　任务十一　美工区环境创设　/166
　　任务十二　表演区环境创设　/174

模块六　幼儿园环境创设整合　181

参考文献　187

上编　幼儿园手工

知识目标

1. 了解幼儿园手工的基本概念、特点、工具、材料；
2. 理解幼儿园手工在幼儿教育及生活中的实用意义；
3. 熟悉并掌握幼儿园手工的种类、技法和基本操作步骤。

技能目标

1. 掌握幼儿园手工的常用技法，能够运用基本技法独立设计幼儿手工作品；
2. 能够使用不同功能的材料，制作出简单美观的手工作品；
3.. 能够鉴赏各类幼儿园手工作品。

素质目标

1. 养成认真专注、敢于探究和尝试、耐心细致的工作态度和习惯；
2. 激发学生对设计、制作手工的兴趣，体验手工制作的快乐；
3. 增强发现美、表现美、塑造美的能力。

模块一　幼儿园手工概述

一、幼儿园手工的定义和价值

（一）幼儿园手工的定义

手工是指依靠手的技能，利用工具对各种形态的具有可塑性的物质材料进行加工、改造，制作出具有一定欣赏价值或实用价值的艺术作品的造型活动。幼儿园手工是指幼儿教师将手工技能具体运用于幼儿园工作情境中的一种实践活动。

（二）幼儿园手工的价值

幼儿园手工是幼儿教师必备的一项技能，掌握这项技能对于幼儿教师开展工作具有重要的价值。

1. 有利于开展幼儿美术教育

手工在幼儿美术教育中运用十分广泛。教师可以通过组织丰富多彩的创意手工活动，如折纸、剪纸、泥塑等，让幼儿在动手操作中感受材料的质感和色彩的变化，激发他们对美的感知和追求；教师还可以结合主题活动，设计相应的手工创作任务。如在"庆六·一"的主题活动中，教师开展手工活动引导幼儿自制玩具（见图1-1-1），加深幼儿对节日文化的理解和认识。

图 1-1-1　主题活动中幼儿自制的玩具

2. 有利于进行幼儿园环境创设

手工在教师进行幼儿园环境创设时也发挥着重要的作用，无论是墙饰创设还是区角布置中的教玩具制作，处处都有手工的身影（见图1-1-2）。

图 1-1-2　幼儿园环境创设中的手工运用

二、幼儿园手工的类型

（一）按材料来源分类

1. 纸材手工

纸材手工（见图 1-1-3）是指运用各种纸材料如卡纸、彩纸、皱纹纸、海绵纸、宣纸、瓦楞纸等进行的手工造型活动。常见的纸材手工形式有折纸、剪纸、衍纸、染纸、纸雕、纸藤花、纸艺小品等。纸材手工是幼儿园最常见的手工类型。

图 1-1-3　纸材手工

2. 泥材手工

泥材手工（见图 1-1-4）是指运用各种泥材料如黏土、陶泥、胶泥等进行的手工造型活动。常见的泥材手工形式有泥浮雕和泥圆雕等。

图 1-1-4　泥材手工

3. 布材手工

布材手工（见图 1-1-5）是指运用各种布材料进行的手工制作活动。常见的布材手工形式有布玩偶、布贴画、布嵌画等。

图 1-1-5　布材手工

4. 线材手工

线材手工（见图 1-1-6）是指运用线状材料，包括硬线材和软线材进行的手工制作活动。常见的线材手工形式有线贴画、编织、扭扭棒造型等。

图 1-1-6　线材手工

5. 环保材料手工

环保材料手工（见图 1-1-7）是指运用各种自然材料或废旧材料进行的手工制作活动。这种手工制作活动题材广泛、创意十足，且具有因地制宜、经济适用的特点，在幼儿园手工实践中是十分受推崇的一种手工类型。

图 1-1-7　环保材料手工

（二）按作品的空间占有形态分类

1. 平面手工

平面手工是指带有浮雕效果的手工造型，如剪纸、纸浮雕、泥浮雕、布贴画、布嵌画等。平面手工常用于幼儿园墙饰的创设中。

2. 立体手工

立体手工是指带有圆雕效果的手工造型，如折纸、泥圆雕、布玩偶、线绳编织等。立体手工常用于幼儿园玩教具的制作中。

三、幼儿园手工的作品特点

幼儿园手工作品指在幼儿园工作情景中由教师和幼儿创作的具有独特价值的手工作品。幼儿园手工作品与其他生活情景中产生的手工作品，如传统手工艺作品相比，具有下述4个特点。

1. 功能上服务于幼儿教育教学

幼儿园手工作品不同于普通的传统手工艺作品。传统手工艺作品要么强调作品在人们日常生活中的实用价值，如草帽、毛衣、做灯笼等；要么强调作品的审美价值，如精美的牙雕、令人惊叹的泥人等。幼儿园手工作品在功能上并不是主要为了"实用"或"审美"，而是作为服务幼儿教育教学的工具，如教师为语言教育活动制作的故事盒、自制绘本，教师为科学教育活动制作的数学教具，教师为幼儿戏剧表演活动制作的可穿戴纸箱玩具等（见图1-1-8）。

图1-1-8 服务于幼儿教育教学的手工作品

2. 审美上带有明显的儿童趣味

幼儿园手工作品的造型设计符合儿童的欣赏品味，形象夸张、生动、可爱，色彩活泼、跳跃（见图1-1-9）。

图1-1-9 具有儿童趣味的幼儿园手工作品

3. 材料选用上具有因地制宜和经济性的特点

幼儿园手工作品在材料的选择上非常自由，讲究因地制宜、利废利旧。除了专门购买的商品材料，幼儿教师也常利用身边随处可见的废旧材料、自然材料制作教玩具或创设墙饰（见图1-1-10）。

图1-1-10 利用废旧材料制作的幼儿园手工作品

4. 造型技法上注重创意，并不刻意追求精致

幼儿园手工作品在造型上强调想象和创意，无论是用废纸箱做的可穿戴玩具，还是用树叶做的头饰，无不体现着符合幼儿心理特征的艺术幻想。幼儿园手工大胆的创意、粗犷的造型、夸张的形象、活泼的色彩与儿童早期的"涂鸦"风格一致，幼儿园手工并不刻意追求成人审美的"精致"和"完美"，通常具有"幼稚美感"（见图1-1-11）。

图 1-1-11　幼儿园手工作品的"幼稚美感"

课后作业

1. 什么是幼儿园手工？谈一谈幼儿教师学习手工的意义是什么？
2. 在网上搜索你感兴趣的幼儿园手工作品，说一说你对这些作品的看法。

模块二 材料与技法

任务一 纸材手工1——折纸

一、折纸基础知识

（一）折纸概述

折纸是一种将纸张或类似纸张的平面材料折成各种不同形状的手工活动。折纸大约起源于公元1世纪或2世纪的中国，6世纪时传入日本，再经日本传到全世界。

在折纸的发展历程中，涌现出许多世界级的折纸大师，他们推动了折纸艺术的发展，如下是一些具有代表性的人物。

吉泽章，出生于日本，他和美国折纸艺人塞缪尔·兰德列特经过多年的潜心研究共同发明了一套国际通用的折纸图解语言，即吉泽章—兰德列特系统，使折纸技术可以方便地通过图文并茂的方式传播到全世界。进入老年的吉泽章又创造了一种湿折法，这种方法大大地提高了折纸的精确程度，使以前一些看似很难完成的折纸技法成为可能，他的创新使折纸进入一个新的水平。如图2-1-1所示是吉泽章的作品。

图2-1-1 吉泽章的作品

罗曼·迪亚兹，来自乌拉圭的当代折纸艺术家，他的折纸作品以动物系列著称，一张吹口气就可以飞走的薄纸在罗曼那里却获得了灵性，他塑造的马被称作"罗曼马"（见图2-1-2）。

罗伯特·朗，美国人，是当今世界上最具代表性

图2-1-2 罗曼·迪亚兹作品

的折纸艺术家和折纸理论家之一，他以极其细节和显示主义的设计著称，如图 2-1-3 所示是罗伯特·朗的作品。

神谷哲史，1981 年出生的日本年轻折纸天才，两岁就开始学习折纸，后来开始自己设计模型，神谷的每件作品都是用单独的一张正方形纸折成的，不经过任何裁剪和粘贴。他最出名的作品是龙（见图 2-1-4）。

裴浩正，1996 年出生于中国，年轻的国际折纸大师，2017 年代表中国队在"国际折纸奥林匹克"大赛中以历史最高分获得世界冠军和单项六金。如图 2-1-5 所示是裴浩正的作品。

刘通，出生于中国，创造了长 7.833 米、高 4.064 米的"最大的折纸犀牛"吉尼斯世界纪录（见图 2-1-6）。

图 2-1-3　罗伯特·朗的作品

图 2-1-4　神谷哲史的作品

图 2-1-5　裴浩正的作品

图 2-1-6　刘通的作品

（二）折纸的美学特征

折纸作为一种古老而富有创意的手工艺术，通过纸张的折叠与塑形，展现了独特的美学魅力。它不仅是一种简单的娱乐方式，更是一种深刻的艺术表达，其美学特征如下所述。

1. 简约之美

一张普通的纸张经过巧妙的折叠可以变幻成千姿百态的造型。无论是简单的几何形状还是复杂的动植物形象，折纸都能以最少的材料、最简单的线条，表达出最丰富的意象。

2. 几何之美

在折纸的过程中，纸张被折叠成各种角度和形状，这些几何元素的组合与变化，构成了折纸的骨架，展现了人类对几何学的深刻理解与运用。

3. 动态之美

虽然折纸作品本身是静态的，但折叠过程中的每次翻转、扭曲、拉伸都仿佛在诉说纸张的生命故事。此外，一张折纸作品还设计有可活动的部分，如折纸玩具的关节、翅膀等，更是将折纸的动态之美发挥得淋漓尽致。

（三）幼儿园折纸

幼儿园折纸是指将折纸艺术运用于幼儿园工作情景中的手工实践活动。其运用主要包括以下两种工作情景。

1. 幼儿园美术教育中的折纸活动

幼儿园之父福禄贝尔认为折纸能够启迪智慧，并把折纸与自己的教育学说结合起来，在他创办的世界第一所幼儿园勃兰登堡幼儿园中开设折纸课程，这种做法后来被推广到全世界。如今，折纸活动作为幼儿园美术活动的重要内容之一，受到幼儿的喜欢（见图2-1-7）。折纸作品是幼儿常用的游戏工具，如教师利用简单的折纸作品和手指游戏结合而成的折纸游戏，让折纸作品有了灵性，仿佛那些"小不点"在孩子的世界里被赋予了生命。对于幼儿来讲，折纸还可以锻炼手指的灵活性，培养动手能力；由于折纸必须按步骤进行，在这个过程中有助于幼儿养成按步骤、有顺序做事的良好习惯；此外通过折纸还可以培养幼儿的创造力、想象力和形象思维能力。

图 2-1-7　幼儿园美术教育中的折纸活动

2. 幼儿园环境创设中的折纸活动

幼儿园常使用折纸作品进行环境创设。如通过折纸制作装饰品如花朵、蝴蝶等布置墙饰，通过折纸制作各种小朋友喜欢的折纸玩具，如小鸟（见图 2-1-8）、飞机、汽车、青蛙等，或者用折纸制作立体图书，激发幼儿的阅读兴趣等。

图 2-1-8　折纸玩具

（四）折纸材料与工具

1. 折纸材料

幼儿园折纸的主要材料是各种各样的纸张（见图 2-1-9）。纸张有不同的特性、颜色和肌理。纸张的选择范围广，我们需要根据作品的要求和就地取材的原则来进行合理的选择。

图 2-1-9　各式各样的纸张

（1）软纸还是硬纸。纸有软硬之分，一般来说硬纸比较适合做包装盒、建筑用品等比较挺括的折纸造型，软纸可以折花鸟虫鱼等有细节的折纸造型。

（2）厚纸还是薄纸。从易于折叠的需要出发，一般选择比较薄的纸，如打印纸、彩色纸等。

（3）韧性纸还是脆性纸。由于需要反复折叠，所以折纸一般选用韧性较好的纸，如牛皮纸、手揉纸等。

（4）不同肌理和材质的"纸张"选择。折纸除了选用真正的"纸"，也可以在坚持折叠规范的同时使用各种类似纸张的平面材料，如用手帕折的小老鼠。

（5）折纸的色彩选择。首先是固有色纸张的选择，在造型时可以根据作品的固有色来选择纸张颜色。其次还可以选择带"晕色"的纸张，这种纸张能在光线上提供更多的立体感，从而增加视觉上的刺激。再次还可以选择带金属光泽的纸张，如金箔纸、银箔纸等，这类纸张虽有易皱难折的缺点，但由于其可塑性强，再加上所产生的"光线"（反射和折射效果），颇受幼儿的喜欢。

幼儿常用的折纸纸张一般为单面色纸，这种纸张有正反面之分，比较适合初学折纸的小朋友，也适合教师做示范讲解，因此本书中的示范图例都选用了这种纸张。

2. 折纸工具

（1）剪刀。用来裁剪出合适尺寸的纸张。

（2）折痕棒（见图2-1-10）。折痕棒的一端是尖的，可在纸上划出折痕以便折叠，另一端是平的，可用于加强折痕。

（3）胶水。用于将多个折纸部件粘合在一起。可选择透明、干燥快的胶水，以免对作品造成不良影响。

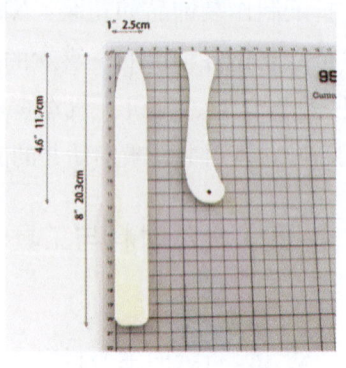

图 2-1-10　折痕棒

（五）折叠符号

1. 折叠符号的概念

为利于折纸艺术的传播和教学，折纸的折法常用一些基本符号来表示，将这些符号称为折叠符号。折叠符号不仅可以记录折法，还有利于教学。

2. 常见的折叠符号

（1）谷折符号（见图2-1-11）：用短虚线表示，意为向里凹折。

（2）山折符号（见图2-1-12）：用长短相间的虚线表示，意为向外凸折。

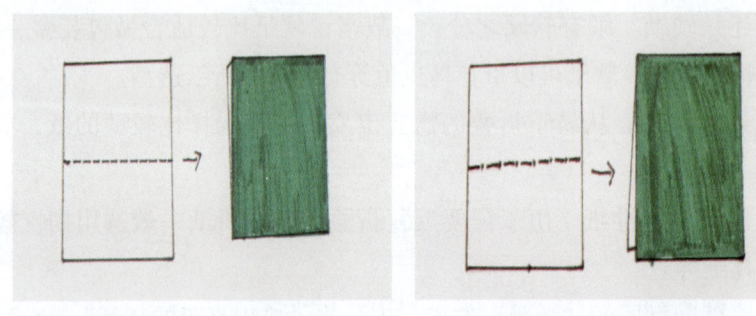

图 2-1-11　谷折符号　　　　图 2-1-12　山折符号

（3）折叠后展开符号（见图2-1-13）：用山线或谷线加勾型箭头表示。

（4）向后折叠符号（见图2-1-14）用曲线加箭头表示。

（5）翻面符号（见图2-1-15）：用绕圈线箭头表示。

（6）曲折符号（见图2-1-16）：用折线箭头配合山折符号和谷折符号表示。

（7）卷折符号（见图2-1-17）：用绕圈线箭头配合谷折符号表示。

（8）剪开符号（见图2-1-18）：用直线加剪刀符号表示。

图 2-1-13　折叠后展开符号

图 2-1-14　向后折叠符号

图 2-1-15　翻面符号

图 2-1-16　曲折符号

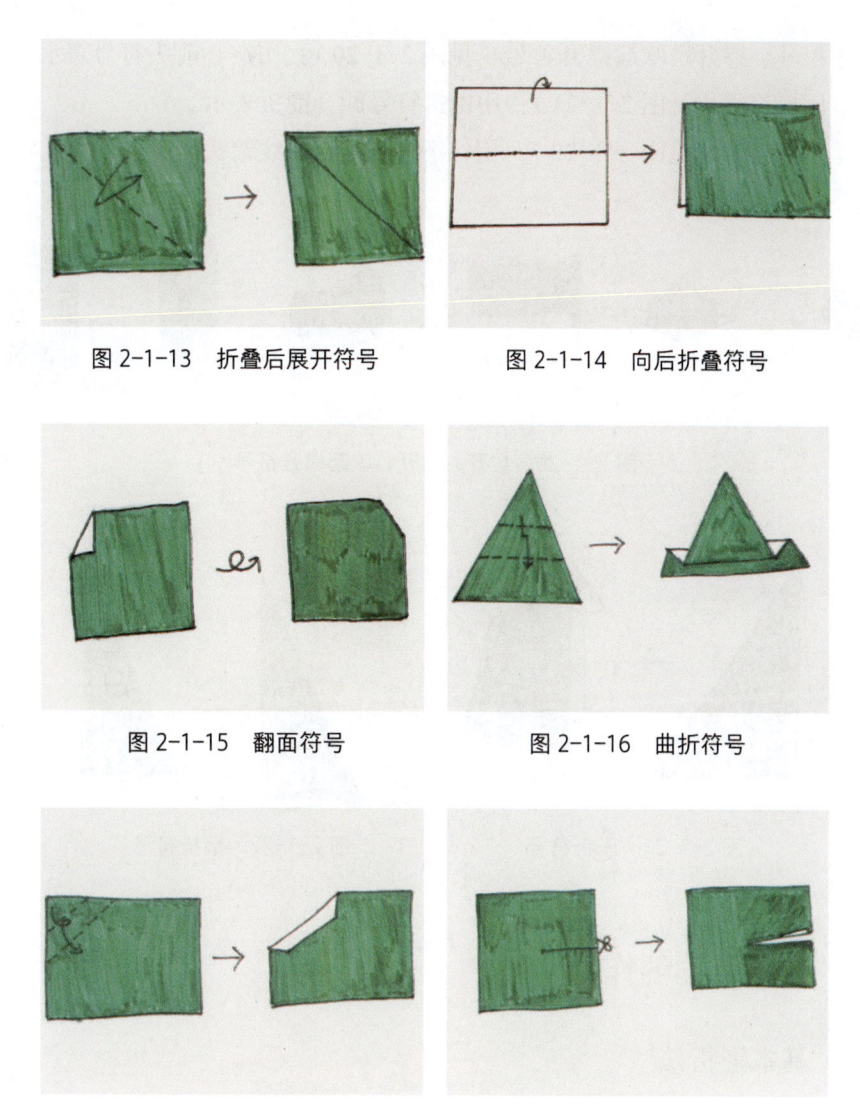

图 2-1-17　卷折符号

图 2-1-18　剪开符号

（9）剪掉符号（见图 2-1-19）：需要剪掉的部分用带阴影的面来表示。

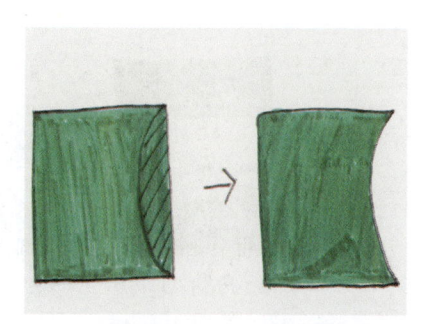

图 2-1-19　剪掉符号

（10）拉开、撑开、吹起撑开符号（见图2-1-20）：用空心箭头符号表示。

（11）压折符号（见图2-1-21）：用山折符号配合箭头表示。

（12）翻折符号（见图2-1-22）：用谷折符号配合曲线箭头表示。

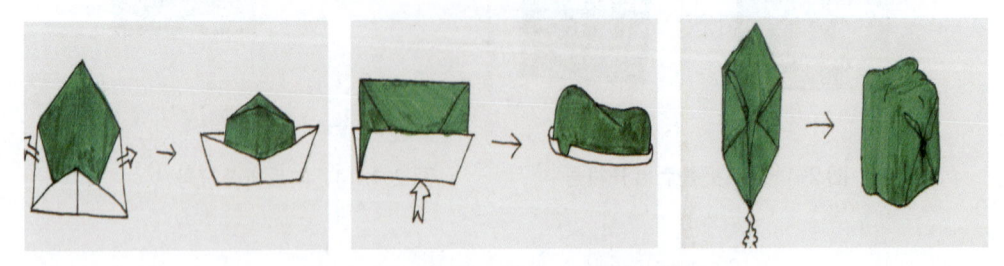

图 2-1-20　拉开、撑开、吹起撑开符号

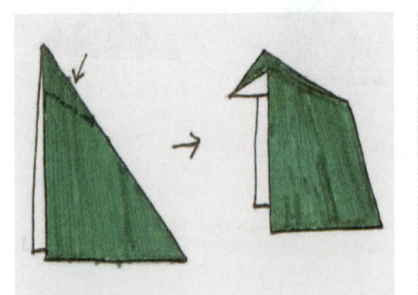

图 2-1-21　压折符号　　　　　　图 2-1-22　翻折符号

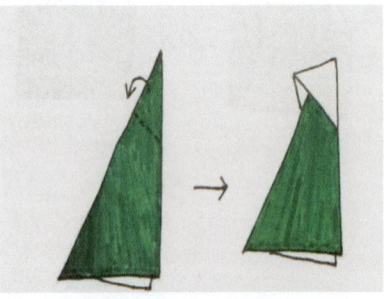

二、折纸手工创作

（一）基本型折法

基本型折法（见图2-1-23）是折纸造型的基础，包括双三角形、双正方形、单菱形、双菱形，许多折纸造型都是在基本型上进行改造的，如双菱形既可以折出千纸鹤也可以折出百合花。

(a) 双三角形（折法A）

图 2-1-23　基本型折法

(b) 双三角形（折法B）

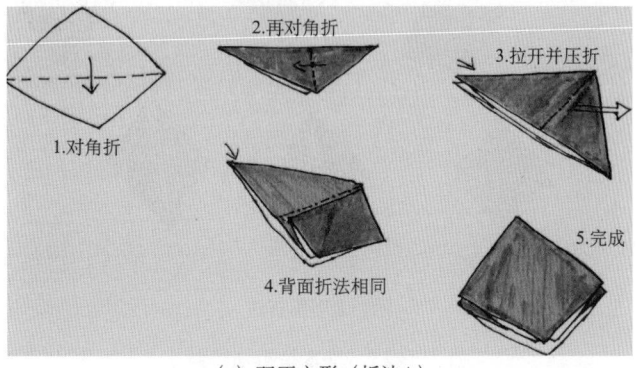

(c) 双正方形（折法A）

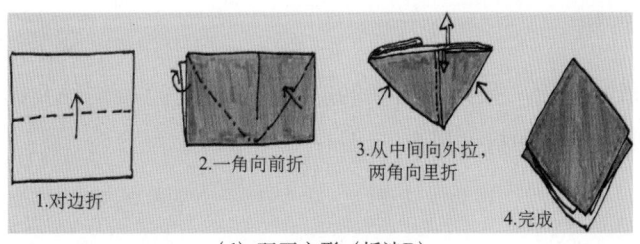

(d) 双正方形（折法B）

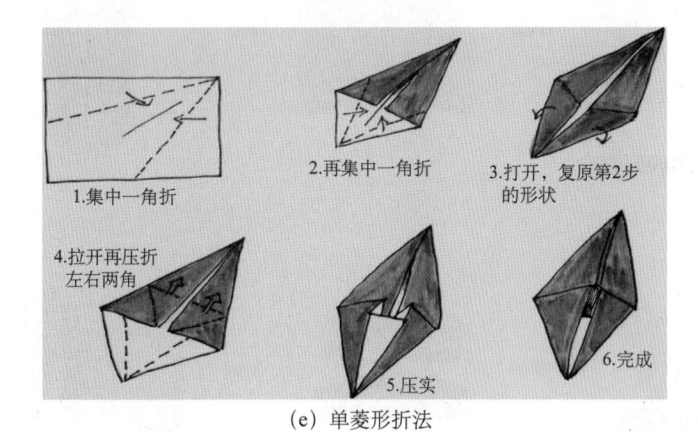

(e) 单菱形折法

图 2-1-23　基本型折法（续）

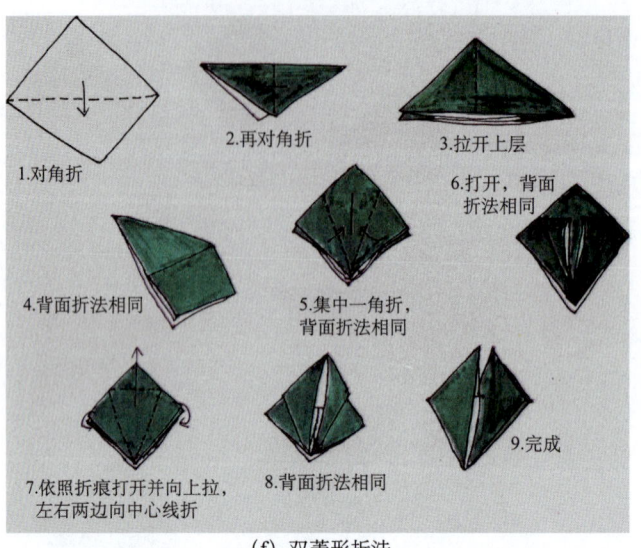

(f) 双菱形折法

图 2-1-23　基本型折法（续）

（二）单张折纸

单张折纸，指的是用一张纸折出来的造型，我们可以根据幼儿的审美情趣选取一些富有童趣的造型来折，如折"风车"（见图 2-1-24）。

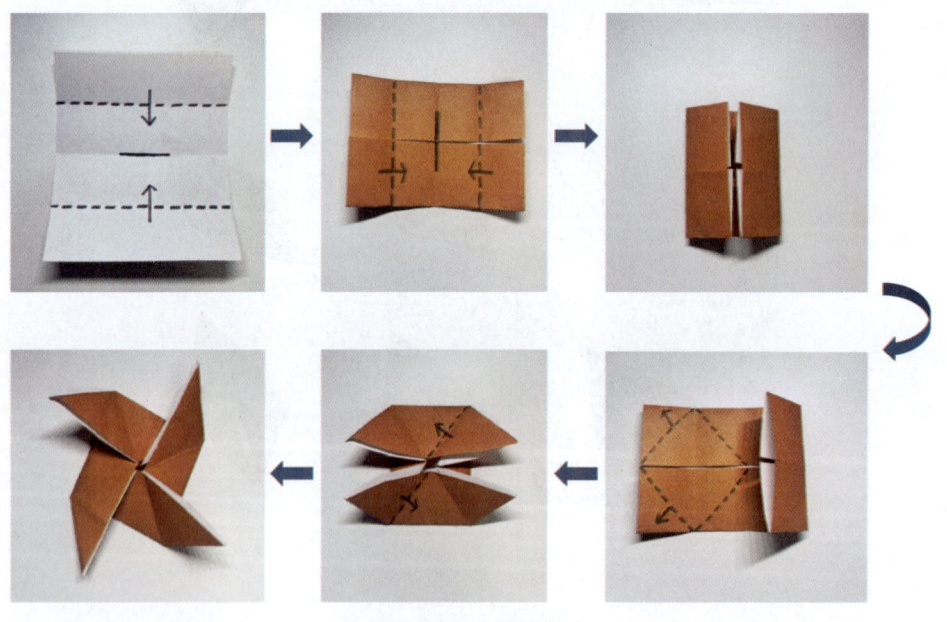

图 2-1-24　折风车

（三）组合折纸

折纸除了用单张纸折，还可以将几个单张折纸折好后按一定的规律进行拼插，如折菠萝（见图2-1-25）。

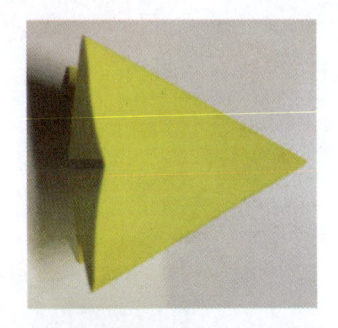

第一步，单张折纸折出六个小三角形 　　第二步，将六个小三角形相互套起来

第三步，向外翻、压出菱形 　　第四步，用另外两种颜色的折纸重复相同步骤并相互粘连起来

第五步，用两张纸折出三角形做菠萝叶子 　　第六步，依次粘连起来完成作品

图 2-1-25　组合折纸——折菠萝

（四）主题折纸

主题折纸指的是根据一个主题，折出一组有关联的作品，有时也会配合其他技法，如折纸添画一起来表现主题。主题折纸常用于幼儿园环境创设中墙饰的布置或玩教具的制作，如主题折纸"荷塘月色"（见图2-1-26）。

图 2-1-26 主题折纸"荷塘月色"

（五）折纸的注意事项

1. 选择合适的纸张和工具

折纸的纸张一般建议选用较薄、平整和不易破裂的材料，如牛皮纸、彩纸等。折纸有时也需要用到如剪刀、尺子、铅笔等工具。

2. 仔细阅读折纸图解

读懂步骤图，熟悉基本的折法，按照步骤图进行折叠，特别要注意折痕的位置和方向，每个步骤都要仔细折叠到位并按压平整。

3. 注意手指力度

手指力度过大容易破坏纸张，而力度过小又无法形成完美的折痕。

4. 加入自己的创意

可以在完成基本的折纸步骤后，加入自己的创意和想象，创作出更加独特的作品。如幼儿园的折纸一般还与绘画、剪纸结合，以创造出更加丰富的造型。

5. 树立信心

折纸时要有信心，不要怕失败，出错时应将所有步骤仔细检查一遍，看是否少折或折错方向。

三、幼儿园折纸作品欣赏

如图 2-1-27 所示是一些折纸作品。

图 2-1-27　折纸作品

任务二　纸材手工 2——剪纸

一、剪纸基础知识

（一）剪纸概述

剪纸是一种用剪刀或刻刀在纸上剪刻花纹，用于装点生活或配合其他民俗活动的民间艺术。剪纸在中国有着悠久的历史。先唐时期，人们运用薄片材料，通过镂空雕刻的技法制成工艺品，为剪纸的形成奠定了基础。中国最早的剪纸作品是出土于新疆吐鲁番火焰山附近的北朝时期的团花剪纸（图 2-2-1）。到了唐代，剪纸得到迅速发展，当时的剪纸作品以精细的线条、生动的形象和丰富的色彩为特点，体现了极高的艺术水平。南宋时期，由于造纸业成熟，为剪纸的普及提供了条件，出现了以剪纸为职业的行业艺人。明清时代，剪纸艺术走向成熟，并达到鼎盛，剪纸艺术的运用范围更加广泛，成为了全民性的艺术。20世纪以来，剪纸得到进一步发展，不少艺术家投入民间剪纸的研究与创作。剪纸艺术在21世纪更是大放光芒，2009年中国剪纸项目被联合国教科文组织选入"人类非物质文化遗产代表作名录"。

图 2-2-1　北朝时期的团花剪纸

（二）剪纸的美学特征

剪纸艺术在长期的历史发展中形成了独特的美学特征，主要包括以下几种。

1. 风格的淳朴美

不同地域的剪纸有其独特的风格，如北方的剪纸以粗犷豪放为特点，南方的剪纸则更加细腻精致（见图 2-2-2）。

北方剪纸：粗犷豪放、造型精练
南方剪纸：构图繁茂、精巧秀美

图 2-2-2　南、北方剪纸风格比较

2. 手法的简洁美

艺术家通过灵活运用折叠、切割等基本技法，在一张纸上创作出丰富多彩的作品，将生活中的形象简洁化。这种简洁的手法可以使剪纸在视觉上具有很强的艺术感染力（见图 2-2-3）。

图 2-2-3　剪纸手法的简洁美

3. 构图的装饰美

剪纸的构图平面化且抽象化，线条流畅，色彩鲜艳，呈现出很强的装饰性，生活中处处可见剪纸装饰（见图 2-2-4）。

图 2-2-4　构图的装饰美

4. 造型的意象美

剪纸的艺术形象不求真实，更重写意。常利用夸张和变形等写意手法创造出带有丰富象征意义的作品（见图 2-2-5）。

图 2-2-5　造型的意向美

（三）剪纸的类型

1. 按剪纸的色彩分

（1）单色剪纸（见图 2-2-6）。单色剪纸也叫黑白剪纸，指一种颜色的剪纸，有红、绿、褐、黑、白等，其中多以红色为主。单色剪纸虚实对比强烈，明快醒目，作风单纯大方，感染力强。

图 2-2-6　单色剪纸

（2）彩色剪纸（见图 2-2-7）。彩色剪纸是在同一画面上有两种以上颜色的剪纸，包括分色剪纸、染色剪纸、套色剪纸、填色剪纸、衬色剪纸等。

分色剪纸 　　染色剪纸 　　套色剪纸

填色剪纸 　　衬色剪纸

图 2-2-7　各种彩色剪纸

2. 按剪纸方法分

（1）阳刻剪纸（见图 2-2-8）。阳刻剪纸是在一张纸上有保留地剪出一个形状来，留住绘图中的造型线，而把其他部分去掉的剪纸方法。

（2）阴刻剪纸（见图 2-2-9）。阴刻剪纸与阳刻剪纸正好相反，是在一张纸上抠出一个形状来，去除绘图中的造型线，而保留其他部分。

3. 按使用工具分

（1）用剪刀剪。使用剪刀进行剪切是最基本的剪纸技法，根据图案的轮廓线，灵活转动纸张，顺着线条的方向进行剪切，对于细小的部分或剪刀不易处理的地方，可以结合刻刀进行镂空处理。

（2）用刻刀刻。有些剪纸需要刻画精细部分，可以使用刻刀来进行雕刻，这种手法常见于民间剪纸。

（3）手撕。手撕是一种较为粗犷、自由的剪纸方法，通过双手的协调配合，将纸张撕裂成所需的形状和纹理，常表现出一种自然、随性的效果。手撕技法常用于幼儿园美术教育活动中。

图 2-2-8　阳刻剪纸

图 2-2-9　阴刻剪纸

（四）幼儿园剪纸

剪纸艺术运用于幼儿园的工作场景主要有以下两类情景。

1. 利用剪纸开展教学活动

《幼儿园教育指导纲要（试行）》中明确指出，要充分利用社会资源，引导幼儿感受祖国文化的丰富与优秀，激发幼儿爱家乡、爱祖国的情感。在幼儿园开展民间剪纸教学活动不仅可以让幼儿在探索和创作中感受中华民族文化，培养幼儿的爱国情感，还可以促进幼儿多方面的发展：首先剪纸活动能够促进幼儿创造力和想象力的发展，在剪纸的过程中，幼儿可以通过自由发挥自己的想象力和创造力来创作出各种形状的剪纸作品，根据自己的兴趣爱好进行创作；其次剪纸活动能锻炼幼儿的手眼协调能力和促进幼儿精细动作的发展，幼儿在进行剪纸时，需要准确地掌握纸张的位置和形状，并将剪刀精准地放在纸张上进行剪裁；再次剪纸活动还可以增强幼儿的耐心和细心，在进行剪纸活动时，幼儿需要耐心仔细地用剪刀进行剪裁，直到最终完成一个完整的作品。

2. 将剪纸艺术运用于幼儿园环境创设中

对于教师来说，剪纸艺术也可以在幼儿园的环境创设中大放异彩。在环境创设中引入剪纸艺术可以丰富幼儿的艺术体验，培养他们的动手能力和创造能力。如我们可以将幼儿园教室的窗户、墙壁等地方用剪纸来进行装饰以增添节日氛围；我们还可以用剪纸制作各种艺术角色，参与各种戏剧性的游戏和故事情景，培养幼儿的表达能力和想象力。此外，教师还可以用剪纸制作玩教具，如书签、风车等。

（五）剪纸材料和工具

1. 剪纸材料

剪纸的常用材料多为比较柔软且不易断裂的纸张，常见的有以下几种。

（1）宣纸。是一种以棉为原料制造的质地柔软、光滑的纸。

（2）红纸。是由竹纤维制成的纸张，表面光亮，具有一定韧性。

（3）金箔纸、银箔纸、电光纸等其他有特殊纹理效果的纸张。如拉花的制作就会常使用箔纸。

2. 剪纸工具

（1）剪刀。在一些简单的剪纸中使用普通剪刀即可，但在一些复杂的剪纸中，会用到细口剪刀、弯口剪刀。

（2）刻刀。刻刀分不同的大小和型号，常用于雕刻，以便做出更加精细的图案和纹理。

（3）尺子和铅笔。剪纸的设计和制作过程中会使用尺子进行测量，用铅笔绘制图案的草稿。

（4）胶水或胶带。剪纸时，有时会使用胶水或胶带固定纸张以便进行剪切和粘贴。

（5）彩色笔、彩色纸等。为了使剪纸作品更加丰富，有时也会使用彩色笔给剪纸涂色，用彩色纸做装饰。

二、剪纸手工创作

（一）单张剪纸

单张剪纸是指用一张纸先画图案再剪或刻的剪纸。单张剪纸的制作过程为：先画后剪再粘贴在底板上。具体技法为：在一张纸上先画出图案，再剪掉或刻掉多余部分形成一个有镂空效果的剪纸作品（见图2-2-10）。

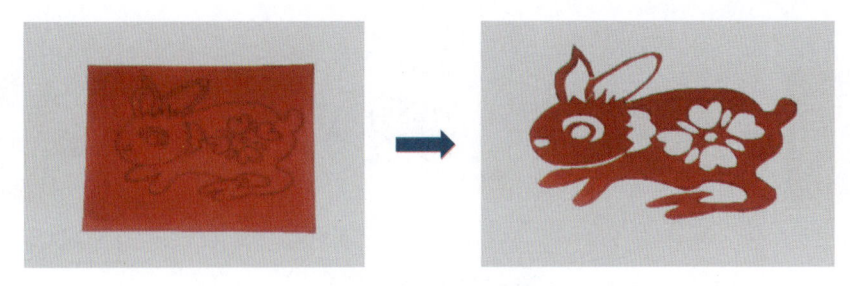

图 2-2-10　单张剪纸

（二）折叠剪纸

折叠剪纸是通过先折后剪的技法形成有对称图案效果的各种剪纸作品。折叠剪纸需要精确地折叠以形成作品的对称效果和整体美感。此外，制作折叠剪纸还需要事先精心设计简洁明了的图案，在折叠时注意保证图案方向与纸张折叠的方向一致，以确保剪刻展开后不会断开。折叠剪纸的制作过程为：先折后画再剪最后粘贴在底板上。折叠剪纸主要有以下几种类型。

1. 二折剪纸

二折剪纸的具体技法为：先将纸张对折用铅笔画出图案，再剪掉多余部分并展开，就形成了一个左右对称的剪纸作品（见图 2-2-11）。

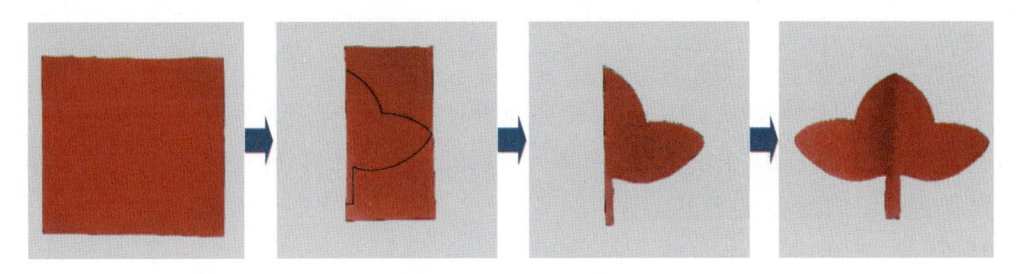

图 2-2-11　二折剪纸

2. 三折剪纸和六折剪纸

三折剪纸的具体技法为：先将一张纸对折后找到对折线的中点，再沿着中点左右往下折，折出三个重叠的 60° 角，最后用铅笔画出图案并剪掉多余部分，就形成了三向对称的剪纸作品（见图 2-2-12）。六折剪纸是在三折的基础上再对折一次形成的。

3. 四折剪纸和八折剪纸

四折剪纸的具体技法为：将方形折纸沿对角线对折两次后变成一个四层的小三角形，用铅笔画上纹样后，剪掉多余部分就形成了四向对称的剪纸作品（见图 2-2-13）。而八折剪纸是在四折的基础上再对折一次形成的。

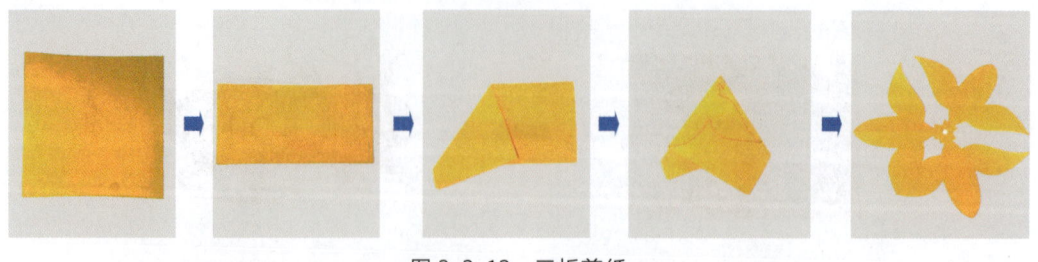

图 2-2-12　三折剪纸

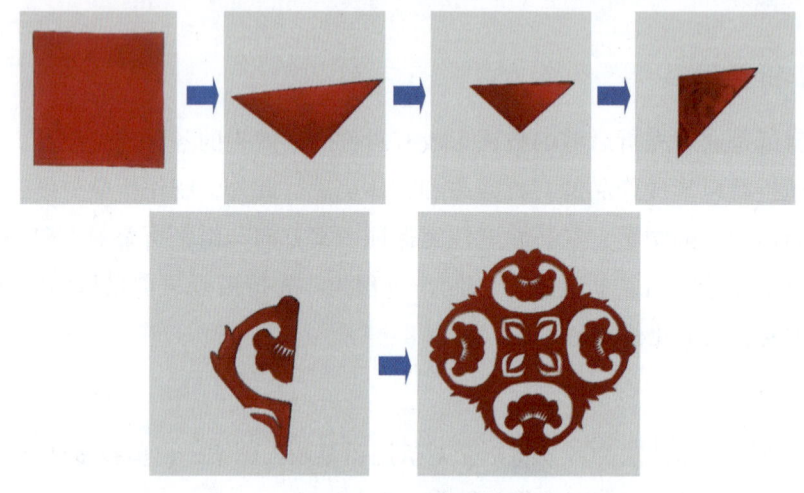

图 2-2-13　四折剪纸

4. 五折剪纸

五折剪纸的具体技法为：将方形纸张先沿对角线折叠成三角形后，再按如图 2-2-14 所示的方法折叠成五个重叠的 35°角，最后画上纹样并剪刻掉多余部分，展开即可得到一个五向对称的剪纸作品。

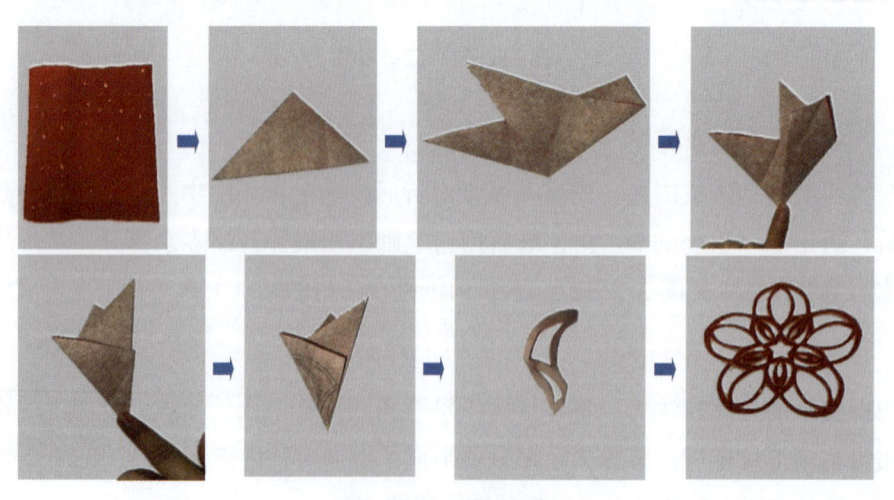

图 2-2-14　五折剪纸

5. 七折剪纸

七折剪纸的具体技法为：先将一张方形纸折出七个重叠的三角形，再画出纹样并剪刻掉多余部分，七折剪纸作品如图 2-2-15 所示。

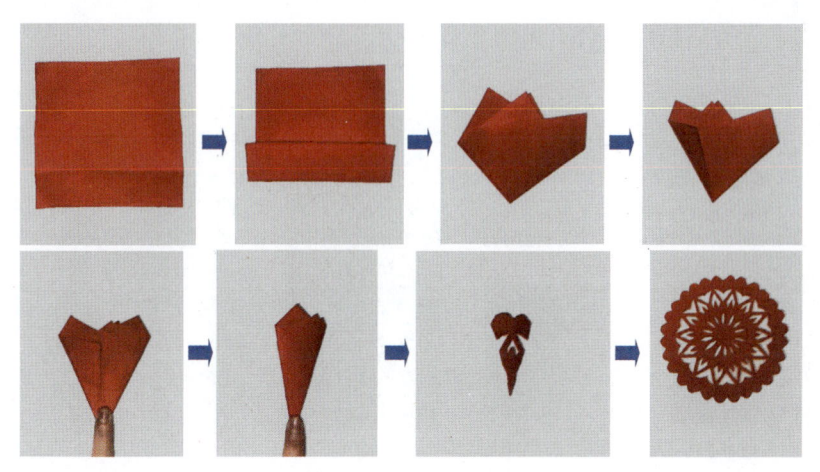

图 2-2-15　七折剪纸

6. 二方连续剪纸

二方连续剪纸的具体技法为：先将一张长条形纸张进行多次正反对折，再按画出的图样剪刻掉多余部分，二方连续剪纸作品如图 2-2-16 所示。

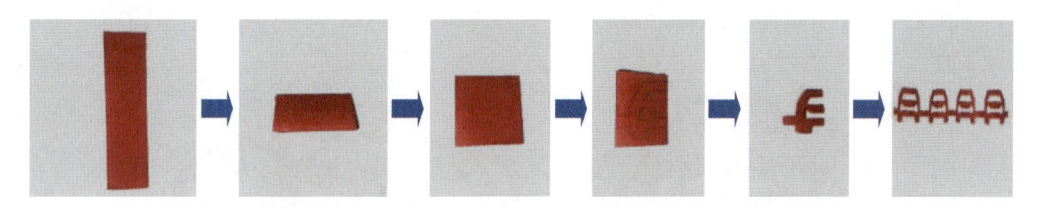

图 2-2-16　二方连续剪纸

7. 四方连续剪纸

四方连续剪纸的具体技法为：先将一张正方形纸张进行多次对角折叠，再按画好的图样剪刻掉多余部分，最后展开即可形成向四周重复连续和延伸扩张的图案（见图 2-2-17）。

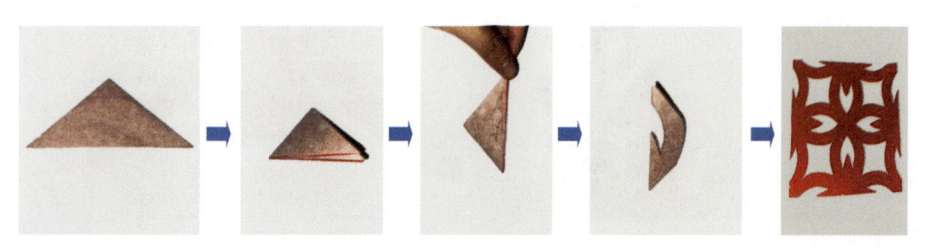

图 2-2-17　四方连续剪纸

（三）立体剪纸

立体剪纸是指将多张折剪作品按一定的方式粘连在一起形成的带有立体效果的剪纸作品。立体剪纸使剪纸由平面变为立体，常用于幼儿园的手工制作中。立体剪纸的制作过程为：先剪后粘连组合（见图 2-2-18）。

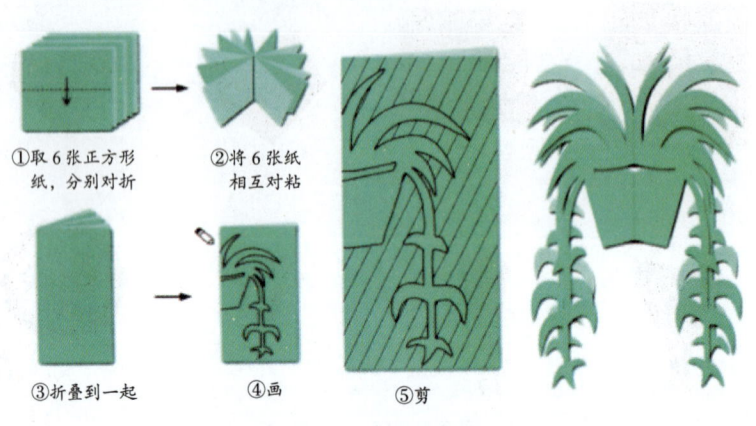

①取 6 张正方形纸，分别对折　②将 6 张纸相互对粘　③折叠到一起　④画　⑤剪

图 2-2-18　立体剪纸制作过程

三、幼儿园剪纸作品欣赏

如图 2-2-19 所示是剪纸作品图示。

图 2-2-19　剪纸作品图示

模块二 | 材料与技法

任务三　纸材手工 3——纸雕

一、纸雕基础知识

（一）纸雕概述

纸雕也叫纸浮雕，是一种以纸为素材，综合运用切、折、剪、叠、粘等手法加工而成的兼具绘画美和雕塑美的塑形活动。纸雕的起源可以追溯到中国汉朝纸的发明时期。中国最早的纸雕作品由手工扎做而成。在某些乡村中，女儿出嫁时，母亲要亲手为其折雕一件精美绝妙的纸雕艺术品"花本子"作为嫁妆。18 世纪中叶，欧洲一群喜爱创作的艺术家利用简单的工具及不同的纸张，创作出许多主题式的纸雕作品，给纸雕带来了新的生命。至此纸雕逐渐形成三大主流流派：立体派、实验派和刻版纸雕。到了 20 世纪，随着纸材来源的普及和技术的进步，纸雕艺术又逐渐发展成为一种插图媒体。至今，纸雕艺术仍然是立体插图业的尖兵，广泛出现在礼盒、明信片、立体书中（见图 2-3-1）。

图 2-3-1　出现在礼盒、明信片、立体书中的纸雕艺术

（二）纸雕的美学特征

1. 立体感和层次感十足

纸雕通过切割、折叠、粘贴等手法，创造出强烈的立体感和层次感，使作品栩栩如生，具有很强的视觉冲击力。

2. 色彩丰富

纸雕将不同颜色、纹理和质地的纸张进行搭配，使作品呈现出丰富多彩的色彩效

.29.

果，增强了作品的艺术感染力。

3. 传统与现代的结合

纸雕结合了绘画和雕塑之美，既有传统工艺的韵味，又使用了现代技术与材料，使得纸雕这种艺术形式具有强大的生命力。

（三）幼儿园纸雕

幼儿园纸雕是将纸雕艺术综合运用于幼儿园工作场景的一种手工实践活动。其运用主要包括以下两种场景。

1. 运用于幼儿园环境创设

由于纸雕作品的立体性、美观性和实用性强，幼儿教师常常运用纸雕技法来制作玩具、布置墙饰、制作区角标牌或自制绘本（见图 2-3-2）。

图 2-3-2　幼儿园环境创设中的纸雕作品

2. 运用于幼儿园美术教育

在幼儿园美术教学中，纸雕作为一种独特的艺术形式，以其材料易得、制作简便、形态多样等特点，逐渐在幼儿园艺术教育中展现出独特魅力。它不仅丰富了幼儿园艺术教育的内容，还能有效地促进幼儿动手能力和审美能力、想象力和创造力的发展。如图 2-3-3 所示是幼儿园美术教育中的纸雕作品。

图 2-3-3　幼儿园美术教育中的纸雕作品

（四）纸雕材料与工具

1. 纸雕材料

纸雕常选用硬度、厚度适中，易于造型的纸张作为材料（见图 2-3-4），以下是一些幼儿园常用的纸雕材料。

（1）彩色卡纸：色彩鲜艳、质地较硬，适合制作需要一定支撑力的作品，是幼儿园最常用的纸雕材料之一。

（2）包装纸：具有一定的厚度和韧性，可塑性强，适合制作各种形状的纸雕。

（3）瓦楞纸：具有较强的支撑力和立体感，适合制作需要明显凹凸效果的纸雕。

（4）素描纸：相对较薄，但易于折叠和弯曲，还可上色，适合制作细腻、精致的作品。

（5）其他纸张如云彩纸、横纹纸、布纹纸等，这些纸张具有独特的纹理和质感，能够为纸雕作品增添独特的视觉效果。

图 2-3-4　纸雕常选用纸张

2. 纸雕工具

（1）剪刀：用于剪裁曲线及连贯的细线等。

（2）美工刀：用于直线或弧度不大的曲线、山线、谷线的轻割线、细点及镂空图案的切割。能够精确地塑造纸雕的细节部分。

（3）圆滚棒：进行来回压滚，可创造圆凹或圆凸效果，也可用铅笔代替。

（4）硬纸管：安装粘贴在纸张图形的背面，用于垫高纸张，创造出三维效果，也可用泡沫胶代替。

（5）辅助工具：切割板、圆规、尺子、笔、工作垫板等能够完成辅助造型和细节处理。

（6）黏性材料：双面胶、乳胶等用于整幅作品的黏合。

如图 2-3-5 所示是部分纸雕工具。

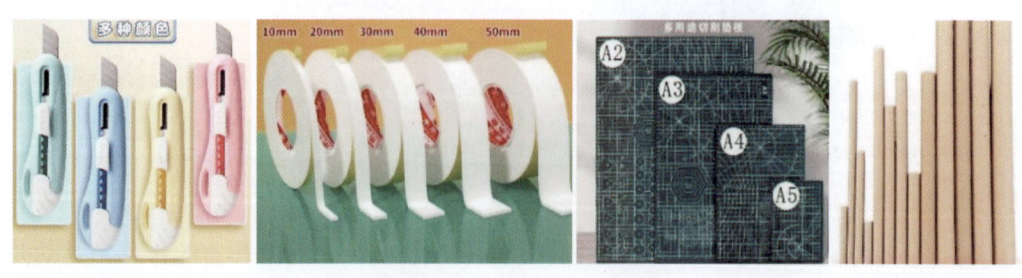

图 2-3-5　部分纸雕工具

（五）纸雕的基本技法

1. 多层粘贴技法

这种技法将造型好的各种纸张按层次粘连起来，使作品在光线下呈现出明暗变化的浮雕效果，这是一种较简单、常用的技法。如图 2-3-6 所示是使用多层粘贴技法创作的作品。

2. 折印技法

这种技法先用硬笔做出划痕，再沿着划痕进行山折或谷折，造成凹凸效果（见图 2-3-7）。

图 2-3-6　多层粘贴技法作品　　　　图 2-3-7　折印技法作品

3. 压边技法

这种技法是将剪好的形状沿着边缘做按压的动作，使得中部隆起形成浮雕效果（见图 2-3-8）。

4. 刻折技法

这种技法是将刻和折结合起来的技法，是将位于主体的图案边缘线用刻刀刻掉一部分，另一部分用折的方法，使其剥离主体而形成的浮雕效果（见图2-3-9）。

图 2-3-8　压边技法作品　　　　　　图 2-3-9　刻折技法作品

5. 卷边技法

这种技法借用圆滚棒将纸材进行卷曲，从而形成浮雕效果（见图2-3-10）。

6. 穿编技法

这种技法借用线性材料进行穿插编织，从而形成浮雕效果（见图2-3-11）。

图 2-3-10　卷边技法作品　　　　　　图 2-3-11　穿编技法作品

二、纸雕手工创作

（一）纸雕的一般制作过程

1. 设计草图

按照构思的主题用铅笔在纸张上进行草图设计，确定纸雕的整体构图、色彩、造型和制作技法等。

2. 准备材料和工具

按照草图预设的效果和草图准备相应的材料和工具。

3. 局部制作

将整个草图按粘贴层次细化为几个部分,如底板、背景部分、主体部分,并分别进行制作。

4. 粘接组装

将所有制作好的局部依次进行粘接组装,并进行局部雕刻。

(二)纸雕作品制作案例"维尼熊和小猪皮杰"

1. 设计草图

如图 2-3-12 所示是设计草图。

图 2-3-12 设计草图

2. 准备材料和工具

如图 2-3-13 所示是需要准备的材料和工具。

图 2-3-13 准备材料和工具

模块二 | 材料与技法

3. 局部制作

（1）按如图 2-3-14 所示的步骤制作背景。

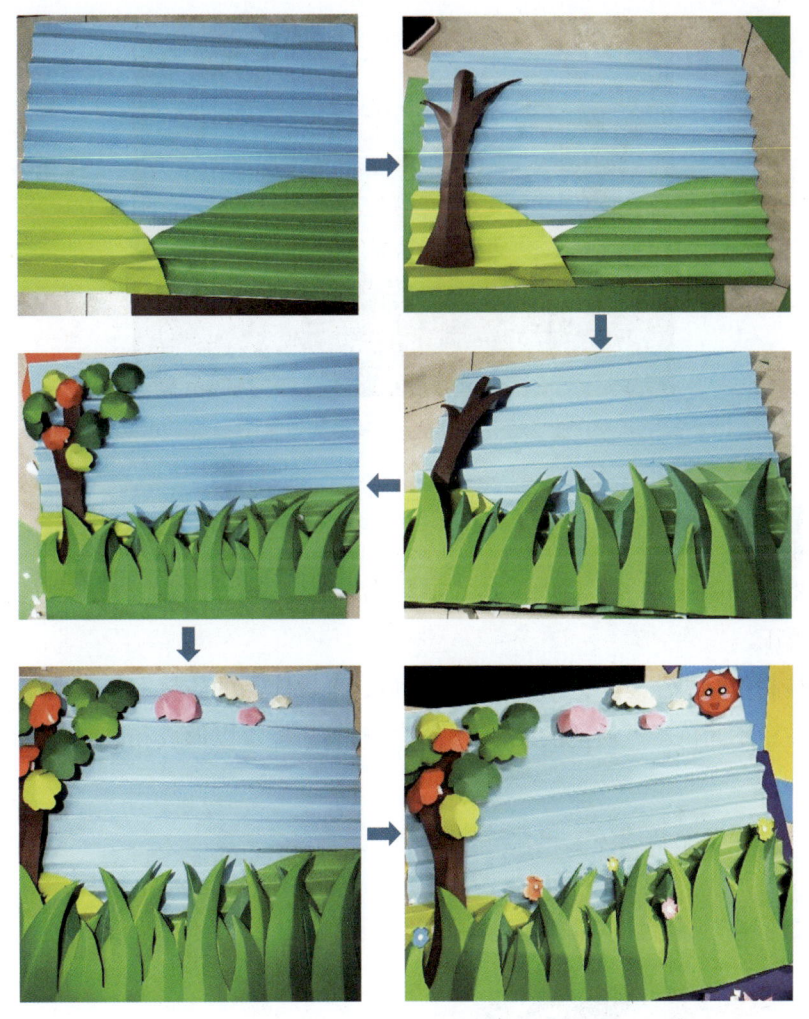

图 2-3-14　制作背景

（2）制作如图 2-3-15 所示的主体。

图 2-3-15　制作主体

4. 粘接组装

将各部件粘接组装后的效果如图 2-3-16 所示。

图 2-3-16　粘接组装后的效果图

（三）纸雕制作的注意事项

（1）纸雕的制作成本即时间成本和材料成本比较高，因此在制作前一定要精心设计，避免返工。

（2）在制作时要注意工艺的细节和精密度，确保作品的质量和稳固性。

（3）注意不同色彩、质地的纸张与形象的巧妙搭配，以形成和谐的美感。

三、幼儿园纸雕作品欣赏

如图 2-3-17 所示是幼儿园纸雕作品。

图 2-3-17　幼儿园纸雕作品

图 2-3-17 幼儿园纸雕作品（续）

课后作业

小组合作，自选主题，设计和制作一个幼儿园纸雕作品。

任务四　泥材手工

一、泥材手工基础知识

（一）泥材手工概述

1. 泥材手工

泥材手工是依靠手的技能和工具，利用黏土或各种可塑性强的泥材料进行加工、

.37.

改造，制作出占有一定空间，可观的、可触摸的各种艺术形象的一种造型活动。泥材手工作品或素或彩，表现内容多以人物、动物为主。泥材手工又称"泥塑艺术"，是中国一种古老、流传广泛的民间艺术。明清以后，民间泥塑赢得了老百姓的青睐，其中著名的有江苏无锡的"惠山泥人"（见图2-4-1）、天津的"泥人张"（见图2-4-2）、陕西凤翔的"泥塑挂虎"（见图2-4-3）等。这些都是我国宝贵的非物质文化遗产，它们早已走出国门，成为中外文化交流的使者，受到了越来越多国家和人民的喜爱。

图2-4-1　江苏无锡的"惠山泥人"　　图2-4-2　天津的"泥人张"　　图2-4-3　陕西凤翔的"泥塑挂虎"

2. 幼儿园泥材手工

幼儿园泥材手工是指幼儿教师将泥材手工运用于幼儿园工作情境中的一种实践活动。幼儿园泥材手工常用于幼儿美术教育活动和玩教具的制作中，泥材手工材料简单易得，泥的可塑性强，可随意变形，为艺术创作提供了许多有利条件，非常适合幼儿园制作玩教具。幼儿在制作玩教具时，可以选择更为经济环保的超轻黏土、橡皮泥或软陶土等材料。

泥材手工是学前教育专业学生应该掌握的一项传统手工技法。泥材手工制作不仅能让幼儿感受到中国传统艺术的魅力，还可以培养幼儿丰富的想象力、动手操作能力、创造力，加深幼儿对形状、体积、空间的理解。

（二）泥材手工材料与工具

1. 泥材手工的材料

随着现代科学技术的发展，泥材手工材料由原来的自然黏土发展到橡皮泥、软陶泥、纸黏土、软黏土、超轻黏土、太空泥、黄胶泥、面泥等。橡皮泥、超轻黏土等材料不用加工，色彩鲜艳丰富、可塑性强、方便易得，深受孩子们的喜欢。在教学过程中，教师首先要熟悉各种材料的性能，然后根据实际情况选用。如下是一些常用的泥材手工材料。

（1）自然黏土（见图 2-4-4）是传统的泥材手工材料，做泥材手工的黏土要用黏度大、不含杂物、含沙少的泥土，经过筛制和成泥后，在地面上反复摔打，直至细腻、柔软、不粘手，制作的作品（见图 2-4-5）成型后可在表面涂一层水粉，再上一层保护漆，便于保存。

（2）彩泥是泥材手工材料中常见的一种，即橡皮泥（见图 2-4-6）、软陶泥（见图 2-4-7）等色彩丰富的泥材手工材料，具有一定的体积、可塑性和黏性，同时颜色易于融合、柔软性好、使用方便、不粘手、安全卫生，是幼儿园教学活动中常用的泥材手工材料，非常适合幼儿使用。

图 2-4-4　自然黏土

图 2-4-5　自然黏土作品

图 2-4-6　橡皮泥

图 2-4-7　软陶泥

（3）纸黏土是一种以纸纤维为主要原料的软雕塑材料，纸黏土包括传统纸黏土和超轻黏土。传统纸黏土的成分包括纯木浆或纸浆，以及粘合剂。传统纸黏土柔软有韧性、可塑性强，是一种安全性很高的环保型材料，成型后可上色；超轻黏土（见图 2-4-8）由发泡粉、水、纸浆和糊剂组成。

纸黏土（见图 2-4-9）真空包装后，其柔软度可保持半年，拆封一天后将变干，因此，在使用时应用湿布保护好纸黏土，于密封、干燥的地方存放，在使用中若纸黏土变干可喷上少许水使其变软。

图 2-4-8　超轻黏土　　　　　　　图 2-4-9　纸黏土

2. 泥材手工的工具

泥材手工作品主要通过捏、揉完成基本造型的塑造，为了更好地塑造作品形象，也需要利用一些辅助工具来丰富作品的表现力。如下是一些常用的泥材手工工具。

（1）泥工刀是泥材手工的专用工具，材质有木、竹、塑料等，有尖刀、圆刀、扁刀、锯齿状等多种形状，也可以用小刀、勺子、刻刀等其他工具来代替。如图2-4-10所示是泥工刀及其他刻刀。

（2）泥工板主要用于保持作品底部的平整，可用木板（见图2-4-11）、塑料板（见图2-4-12）、玻璃板等作为垫板。

图 2-4-10　泥工刀及其他刻刀

图 2-4-11　木质泥工板　　　　　　图 2-4-12　塑料泥工板

（3）泥材手工转台（见图2-4-13和图2-4-14）是制作泥材作品工作的平台，一般用陶土制作泥材手工时需要用到，较大的泥材手工作品也需要在转台上完成，这样制作起来更加高效便捷。

图 2-4-13　泥转台侧面 　　　　图 2-4-14　泥转台正面

（4）其他工具。调色盘、水粉、剪刀、牙签、清漆、沙子、铲子等。

（5）毛笔（见图 2-4-15）、勾线笔（见图 2-4-16）等绘画工具。

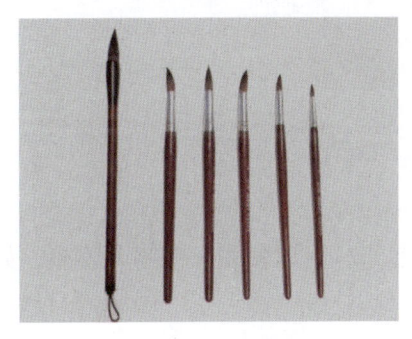

图 2-4-15　毛笔 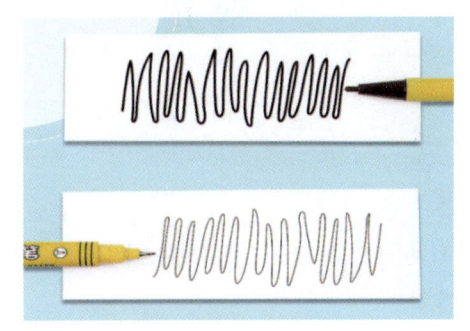　　　　图 2-4-16　勾线笔

（三）泥材手工的基本技法

1. 捏

捏（见图 2-4-17），拇指与其他手指配合将泥料挤压成需要的形状。

2. 团

团（见图 2-4-18），掌心相对，双手相对旋转，将泥料团成球状。

图 2-4-17　捏 　　　　图 2-4-18　团

3. 搓

搓（见图 2-4-19），用两个手掌来回滚动泥材，使其成为圆柱形，或者将泥放于平面上，前后搓动，使其成为柱状。

4. 压

压（见图 2-4-20），用两个手掌或工具将泥料置于平面上用力压扁或压成凹坑状。

图 2-4-19 搓 　　　　　　　　图 2-4-20 压

5. 接

接（见图 2-4-21），将两块不同的泥连接起来，可以使用一些工具连接，如小木棍、牙签等。

6. 切

切（见图 2-4-22），用刀将多余的泥切下来或直接切出需要的形状。

图 2-4-21 接 　　　　　　　　图 2-4-22 切

7. 划

划（见图 2-4-23），用手工刀在泥表面划线，使其表现出物体的外部造型特征。

8. 推

推（见图 2-4-24），用拇指将某些部位上多余的泥推到缺失泥的部位。

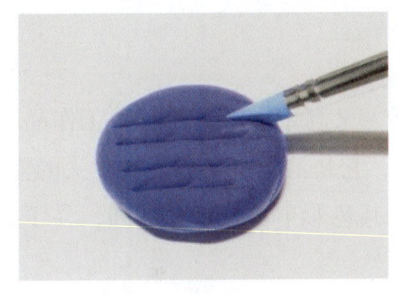

图 2-4-23　划 　　　　　　　　　　　图 2-4-24　推

9. 堆

堆（见图 2-4-25），不断增加泥料，让作品的造型逐渐显露出来。

10. 剪

剪（见图 2-4-26），用剪刀将泥料剪成所需要的形状。

图 2-4-25　堆 　　　　　　　　　　　图 2-4-26　剪

11. 拉

拉（见图 2-4-27），用手指将泥料捏住，向外拉。

12. 卷

卷（见图 2-4-28），用滚动的方法将泥条卷起来。

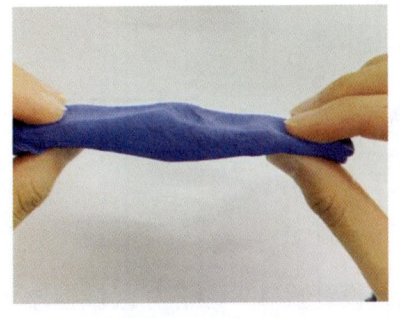

图 2-4-27　拉 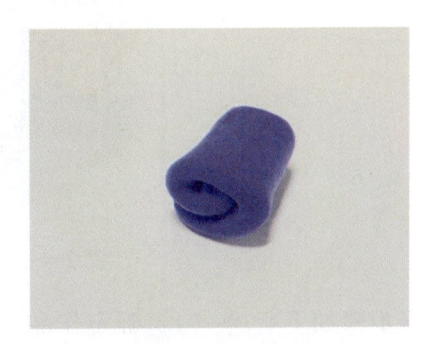　　　　　　　　　　　图 2-4-28　卷

二、泥材手工创作

从泥材手工作品来看，作品既来源于生活，又高于生活。泥材手工作品既充满了无限的艺术想象力，又包含了浓郁的生活气息，它是浪漫主义和现实主义的完美结合。幼儿园中常用超轻黏土或橡皮泥等作为材料，其色彩丰富，可塑性强，易于成型，深受孩子们的喜爱。

在制作泥材手工作品前需要先收集素材，再利用材料和制作工具，通过捏、团、搓、压、接、切、划等基本技法进行创作。泥材手工造型一般分为泥圆雕和泥浮雕两种。

（一）泥圆雕造型案例

1. 造型方法

泥圆雕是利用泥材手工塑造事物的立体形象，其造型简练、夸张，作品有强烈的立体感，可以多方位、多角度欣赏。

泥圆雕的造型方法很多，主要包括捏泥成型、泥条成型、分体组合成型、整体成型等制作方法，通常需要使用辅助工具使泥料成型。

2. 制作过程

制作泥圆雕作品的过程如下：首先设计底稿；其次捏塑大形，从整体到局部、由大到小，先骨架后细节，应从整体结构的角度去塑造作品；再局部修饰，细节刻画，修整打磨；最后对作品进行调整，并上色晾干或烧制成型。

泥圆雕案例一：花朵熊猫（见图2-4-29）。

图2-4-29　花朵熊猫

制作步骤如下所述：（1）确定作品主题，设计底稿；（2）分区域捏塑大形（花朵、篮子、熊猫、青草地），花朵的制作过程如图2-4-30所示，篮子的制作过程如

图 2-4-31 所示，熊猫的制作过程如图 2-4-32 所示，青草地的制作过程如图 2-4-33 所示；(3) 组合成型并晾干，如图 2-4-34 所示。

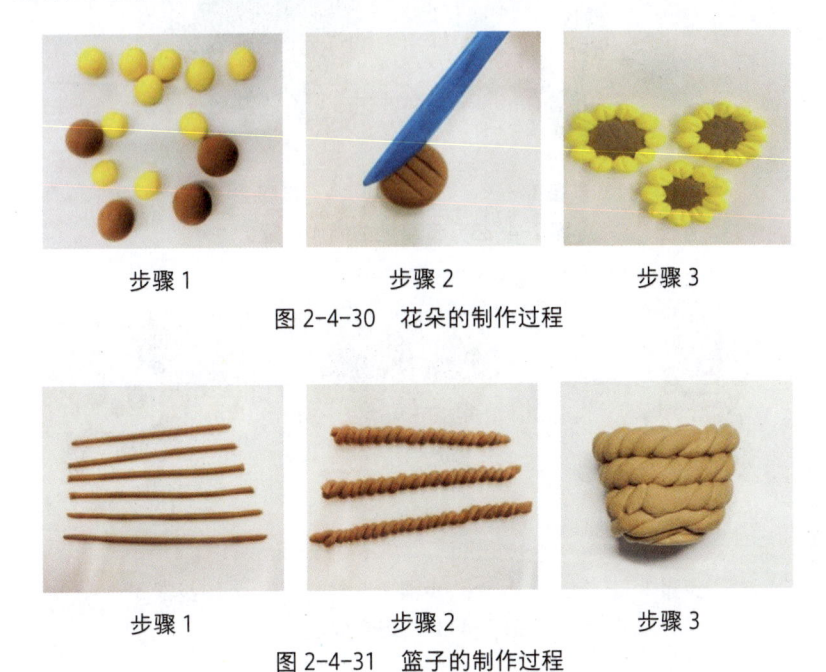

步骤 1　　　　　　步骤 2　　　　　　步骤 3

图 2-4-30　花朵的制作过程

步骤 1　　　　　　步骤 2　　　　　　步骤 3

图 2-4-31　篮子的制作过程

步骤 1　　　　　　步骤 2　　　　　　步骤 3

步骤 4　　　　　　步骤 5

图 2-4-32　熊猫的制作过程

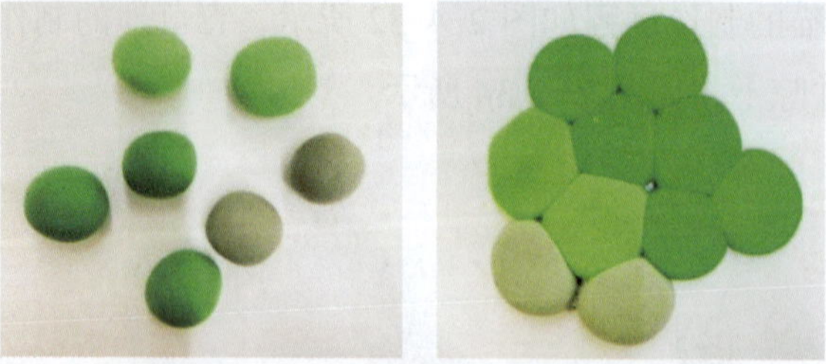

步骤1　　　　　　　　　步骤2
图 2-4-33　青草地的制作过程

步骤1　　　　　　　步骤2　　　　　　　步骤3
图 2-4-34　组合成型

泥圆雕案例二：开心农场（见图 2-4-35）。

图 2-4-35　开心农场

制作步骤如下所述：(1) 设计底稿；(2) 分区域捏塑大形（蘑菇屋、池塘、种植区、小路、装饰物、绿草坪），蘑菇屋的制作过程如图 2-4-36 所示，池塘的制作过程如图 2-4-37 所示，种植区的制作过程如图 2-4-38 所示，小路的制作过程如图 2-4-39 所示，装饰物的制作过程如图 2-4-40 所示，绿草坪的制作过程如图 2-4-41 所示；(3) 组合修饰调整并晾干，如图 2-4-35 所示。

模块二 | 材料与技法

步骤1　　　　　步骤2　　　　　步骤3

步骤4　　　　　步骤5　　　　　步骤6

图 2-4-36　蘑菇屋的制作过程

步骤1　　　　　步骤2　　　　　步骤3

步骤4　　　　　步骤5　　　　　步骤6

图 2-4-37　池塘的制作过程

步骤1　　　步骤2　　　步骤3　　　步骤4

图 2-4-38　种植区的制作过程

· 47 ·

步骤1　　　　　　步骤2　　　　　　步骤3　　　　　　步骤4

图 2-4-39　小路的制作过程

步骤1　　　　　　步骤2　　　　　　步骤3　　　　　　步骤4

图 2-4-40　装饰物的制作过程

图 2-4-41　绿草坪的制作

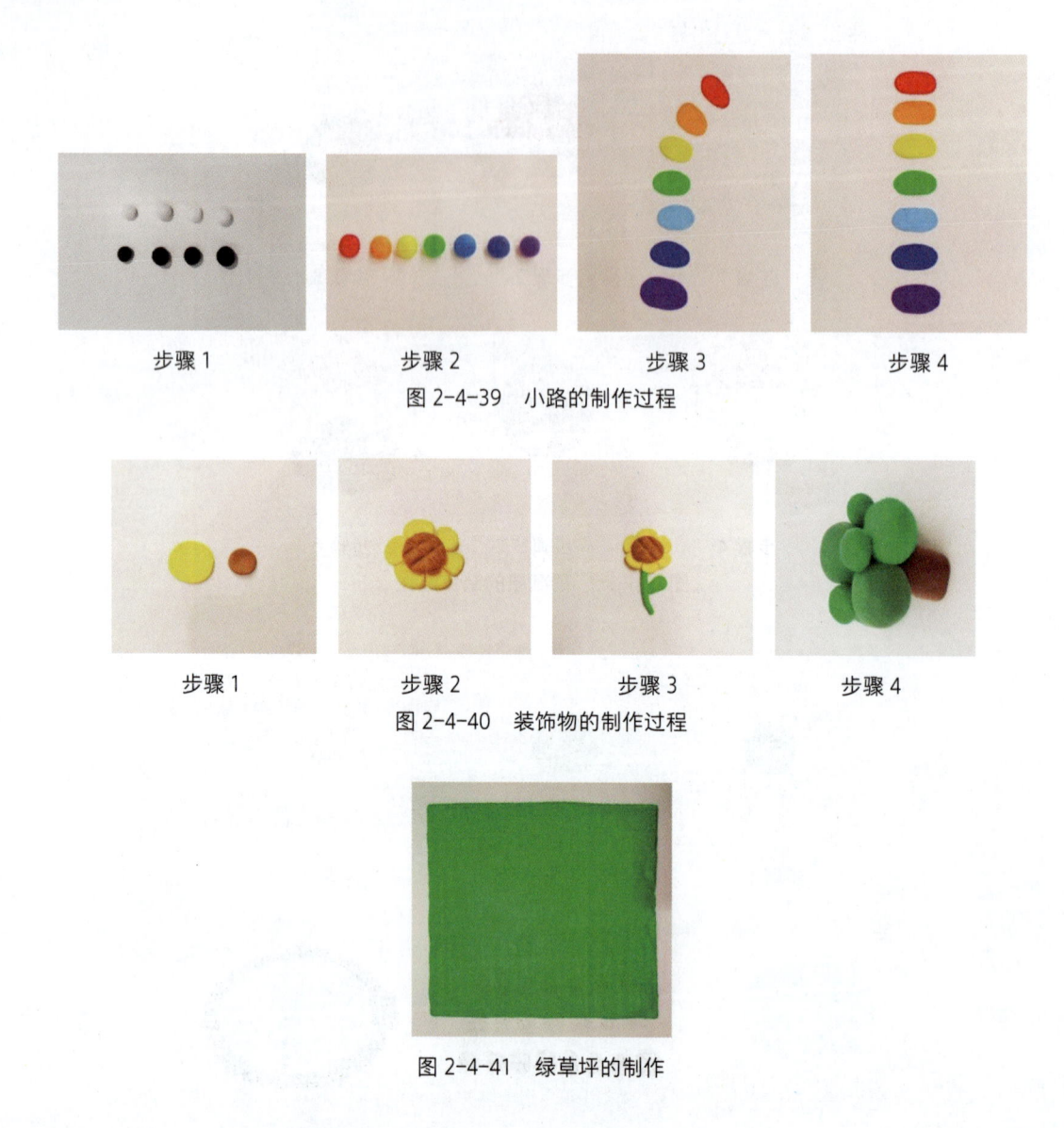

（二）泥浮雕造型案例

1. 造型方法

泥浮雕是一种在平面上用凸浮手法塑造形象的雕塑，是介于平面与立体之间的雕塑形式。泥浮雕具有可压缩的特性，靠透视等因素来表现三维空间，并只供一面或两面观看。泥浮雕最大的特点是半立体化，没有泥圆雕的立体感，但其造型起伏变化也是非常独特的艺术呈现形式，表现方法主要有浮雕压缩、利用错觉、轮廓起伏等。泥浮雕具有可压缩性，且占用空间小，在内容上和形式上也多种多样，适用于幼儿园的环境创设。

2. 制作过程

制作泥浮雕作品的主要过程是：设计画稿→揉泥→拍泥板→刻画制作出大体形状→细部刻画雕琢→局部调整→根据需要上色。

泥浮雕案例一：七彩城堡（见图2-4-42）。

图 2-4-42　七彩城堡

制作步骤如下所述：（1）收集素材，设计七彩城堡的底稿；（2）揉泥，拍泥板（见图2-4-43）；（3）分区域捏塑大形（花园、城堡、热气球），如图2-4-44所示是花园的制作过程，如图2-4-45所示是城堡的制作过程，如图2-4-46所示是热气球的制作过程；（4）组合，细部刻画雕琢，局部调整，如图2-4-47所示。

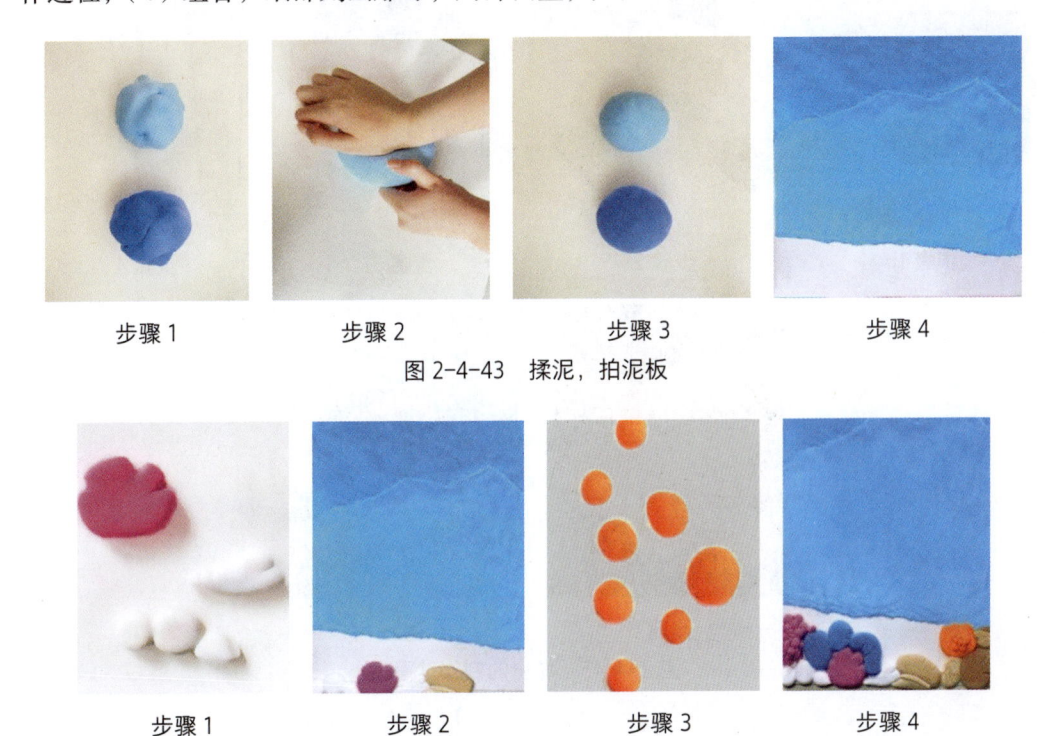

步骤1　　　　步骤2　　　　步骤3　　　　步骤4

图 2-4-43　揉泥，拍泥板

步骤1　　　　步骤2　　　　步骤3　　　　步骤4

幼儿园手工与环境创设

| 步骤 5 | 步骤 6 | 步骤 7 | 步骤 8 |

| 步骤 9 | 步骤 10 | 步骤 11 | 步骤 12 |

图 2-4-44　花园的制作过程

| 步骤 1 | 步骤 2 | 步骤 3 | 步骤 4 |

| 步骤 5 | 步骤 6 |

图 2-4-45　城堡的制作过程

· 50 ·

步骤1　　　　　　　步骤2　　　　　　　步骤3

图 2-4-46　热气球的制作过程

步骤1　　　　　　　　　步骤2

图 2-4-47　组合，细部刻画雕琢，局部调整

泥浮雕案例二：多肉（见图 2-4-48）。

图 2-4-48　多肉

制作步骤如下所述：（1）收集素材，设计多肉的底稿；（2）揉泥，拍泥板，操作步骤如图 2-4-49 所示；（3）制作不同形态的多肉，伞状多肉的制作过程如图 2-4-50 所示，玫红色多肉的制作过程如图 2-4-51 所示，墨绿色多肉的制作过程如图 2-4-52 所示；（4）根据需要给多肉上色，如图 2-4-53 所示；（5）组合成型，如图 2-4-48 所示。

步骤 1　　　　　步骤 2　　　　　步骤 3　　　　　步骤 4
图 2-4-49　揉泥，拍泥板

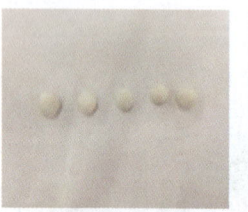

步骤 1　　　　　步骤 2　　　　　步骤 3　　　　　步骤 4
图 2-4-50　伞状多肉的制作过程

步骤 1　　　　　步骤 2　　　　　步骤 3　　　　　步骤 4
图 2-4-51　玫红色多肉的制作过程

步骤 1　　　　　步骤 2
图 2-4-52　墨绿色多肉的制作过程

步骤 1　　　　步骤 2

图 2-4-53　根据需要给多肉上色

（三）课堂练习

请以小组为单位，自选主题，利用超轻黏土设计并制作一个泥圆雕或泥浮雕作品。

三、泥材手工作品欣赏

如图 2-4-54 所示是泥材手工作品。

图 2-4-54　泥材手工作品

任务五 布材手工

一、布材手工基础知识

（一）布材手工概述

1. 布材手工

布材手工是指以布为主要材料的手工创意活动。布材手工主要用于服装、鞋帽、家居用品、玩具等物品的制作和装饰，其柔软舒适、吸湿透气、颜色丰富、装饰性强等特点使得布材手工制品在生活中受到广泛青睐。

2. 幼儿园布材手工

幼儿园布材手工是指幼儿教师将布材手工具体运用于幼儿园工作情境中的一种实践活动。通过剪裁、缝制、粘贴等方式操作各种材质的布料，制作出布偶、布贴画、挂饰等，可用于角色游戏、表演游戏、集教活动等。例如，幼儿在角色游戏或表演游戏中可以用布材手工来装扮自己，塑造角色。此外，布材手工还可用于幼儿园的环境创设。

（二）布材手工材料和工具

1. 布材手工的材料

幼儿园布材手工材料的选择至关重要。首先要安全，无毒、无害、无刺激，不含甲醛、荧光剂等有害物质；其次要舒适耐用、吸湿透气，能经受幼儿在游戏中反复拉扯；最后要美观环保，色彩鲜艳、图案生动的材料更有利于激发幼儿的兴趣。教师在选择材料时可优先考虑可回收、可降解的材料，有助于培养幼儿的环保意识。

如图 2-5-1～图 2-5-6 所示是常见的布材手工材料，分别是棉布、人造棉、绒布、丝绸、毛呢、无纺布。一般纯色的棉布常用于大面积的背景制作，如海面、蓝天、草地、森林等；花色的棉布多用于制作人物、动物的衣服。人造棉可用于制作底板布，也可用于制作各类花卉及人物服饰。绒布宜做人物的头发、鞋子等。毛呢宜做人物皮肤、风景等。无纺布宜做玩偶、日常用品模型，也可用于制作装饰品，如花束、贺卡、墙饰等。

图 2-5-1　棉布　　　　　图 2-5-2　人造棉　　　　图 2-5-3　绒布

图 2-5-4　丝绸　　　　　图 2-5-5　毛呢　　　　　图 2-5-6　无纺布

填充物用于增加立体感，是填充在布材手工制品中的材料，如棉花、海绵、泡沫等。

装饰材料用于装饰布材手工制品，以增加美感，如纽扣、蝴蝶结、花边、丝带、毛线、贝壳、闪光片等。

2. 布材手工的工具

如下所述是布材手工工具。

（1）剪裁工具。用于剪裁布料，如剪刀、量尺等。剪刀应选择儿童专用的安全剪刀，量尺则用于测量布料。

（2）缝纫工具。用于缝制布材手工制品，如针、线、缝纫机等。建议选择供儿童使用的安全针，线可选择棉线或丝线。

（3）黏合材料。用于黏合布材手工制品的材料，如白乳胶、双面胶、双面泡沫胶等。

（4）底板。用于拓描绘稿或剪裁画稿的底板，如硬纸板、三合板、卡纸等。

（5）复写纸。用于复印图样。

（三）布材手工的基本针法

布材手工的基本针法是布材手工制作中不可或缺的一部分，它们决定了布料的连接方式和作品的整体效果。以下是一些常见的基本针法。

1. 平针

平针（见图2-5-7）是最基本的针法，其针脚短而细密，常用于布料的拼接和缝边。

图 2-5-7　平针

2. 锁边针

锁边针（见图2-5-8）主要用于防止布料的边缘散开，它能够使布料的边缘更加整齐和牢固。锁边针常用于袖口、下摆等的边缘处理。

图 2-5-8　锁边针

3. 包边针

包边针（见图2-5-9）是一种装饰性的针法，它能够将布料的边缘包裹起来，形成漂亮的装饰效果。包边针常用于窗帘、桌布等的边缘处理。

图 2-5-9 包边针

4. 回针

回针（见图2-5-10）是一种类似于机缝的针法，它的特点是每缝一针后都会倒退一针，这样能够使针脚更加牢固和整齐。回针常用于对牢固度要求较高的部位。

图 2-5-10 回针

5. 藏针

藏针（见图2-5-11）是一种将一块布缝在另一块布上而不露出线迹的针法。它常用于布材手工制品的细节处理，如贴花、装饰等。

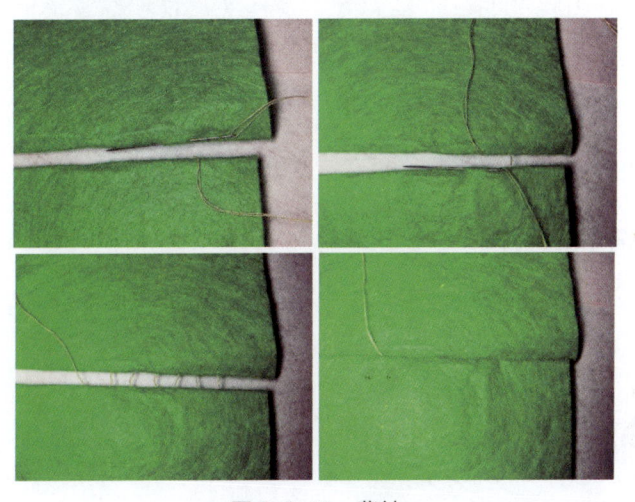

图 2-5-11 藏针

二、布材手工创作

（一）平面造型案例

1. 造型方法

常见的平面造型布材手工是布贴画，布贴画主要是利用布的纹理、质地、花纹，通过剪裁、拼贴，以布做色块进行创作。布贴画的表现范围广泛，包括人物、动物、植物、风景等题材，对提高幼儿的动手能力、想象力和创造力有不可或缺的作用。

2. 制作过程

步骤1：设计图稿。创作者根据主题设计图稿，图稿内容应简洁、概括、夸张，一般图稿需要两张，一张用于图案分解，另一张可画在底板上，根据底板图样进行粘贴。

步骤2：分解图案。将图案的各部分进行分解，分解时应保证图案结构的完整性，不可过于零散。

步骤3：选配、裁剪、粘贴布料。根据主题选择合适的花纹及适当材质的布料，沿轮廓剪裁布料，将剪裁好的布料反面涂上胶水或粘上双面胶，粘贴在底板上。

步骤4：装饰点缀。使用装饰材料进行装饰点缀。

布贴画案例：我的妈妈（见图2-5-12）。

制作步骤如下所述。

步骤1：设计图稿（见图2-5-13）。

图2-5-12　我的妈妈　　图2-5-13　设计图稿

步骤2：分解图案（见图2-5-14）。

图2-5-14　分解图案

步骤3：选配、裁剪、粘贴布料（见图2-5-15）。

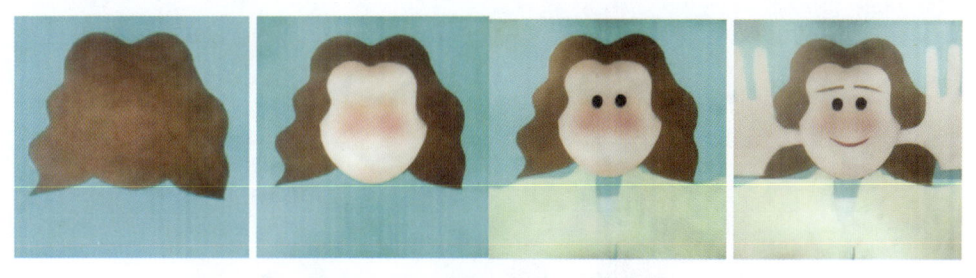

图 2-5-15　选配、裁剪、粘贴布料

步骤4：装饰点缀（见图2-5-16）。

图 2-5-16　装饰点缀

（二）立体造型案例

1. 造型方法

立体造型布材手工深受幼儿喜爱，其柔软的手感、生动可爱的造型深深地吸引着幼儿。立体造型布材手工可用于制作各种玩教具和幼儿园环境的创设。

2. 制作过程

步骤1：造型设计。首先绘制平面图案，并分解。设计时应该能够表现造型的主要特征及基本结构，同时注意造型重心的位置，保证完成后可以立住。

步骤2：选择材料、剪裁、缝制。根据设计选择相应颜色、质地、花纹的材料，并注意颜色、质地的搭配协调美观；将分解后的平面图案拓印在布料上，并沿轮廓剪下；将剪好的布料进行缝合并留口。

步骤3：填充。将填充物塞进留口。

步骤4：缝合。缝合留口，必要时进行装饰。

立体造型案例：小狮子（见图2-5-17）。

制作步骤如下所述。

步骤1：造型设计（见图2-5-18）。

图2-5-17　小狮子 　　　　　　　图2-5-18　造型设计

步骤2：选择材料、剪裁、缝制（见图2-5-19）。

图2-5-19　选择材料、剪裁、缝制

步骤3：填充（见图2-5-20）。

步骤4：缝合（见图2-5-21）。

图2-5-20　填充 　　　　　　　图2-5-21　缝合

（三）课堂练习

请以小组为单位，自选主题，设计并制作布材平面造型作品或立体造型作品。

三、布材手工作品欣赏

如图 2-5-22 所示是布材手工作品。

图 2-5-22　布材手工作品

任务六　线材手工

一、线材手工基础知识

（一）线材手工概述

1. 线材手工

线材手工是指按照一系列的工艺对线材进行加工，将其加工为各种规格、形状、材质的产品。线材可以分为硬性材质和软性材质两种。硬性材质包括竹制、木质、塑料、金属等硬线材，这类材质偏硬，不易变形，利于切割和直角固定。软性材质包括棉、毛、麻等软线材，这类材质质地柔软，不易伤害手部，可任意造型。

2. 幼儿园线材手工

幼儿园线材手工广泛应用于幼儿园的环境创设中，也常出现在幼儿美术活动中。通过制作线材手工作品，不仅能够让幼儿感知各种材料的特性，还可以培养幼儿的精细动作、小手指肌肉的灵活性、手眼协调能力与想象力，在创作过程中能使幼儿加深对二维空间和三维空间的认识，培养幼儿的空间立体感。

（二）线材手工材料与工具

1. 线材手工的材料

在教学过程中，教师首先要熟悉各种材料的性能，然后根据实际情况选用。常见的线材手工材料如下所述。

（1）线材料：毛线（见图2-6-1）、针线（见图2-6-2）等。

图 2-6-1　毛线

图 2-6-2　针线

（2）绳材料：麻线（绳）（见图2-6-3）、棉绳（见图2-6-4）、尼龙绳（见图2-6-5）、纸绳（见图2-6-6）、鞋带（绳）（见图2-6-7）、编织线（绳）（见图2-6-8）等。

图 2-6-3　麻线（绳）

图 2-6-4　棉绳

图 2-6-5　尼龙绳

图 2-6-6　纸绳

图 2-6-7　鞋带（绳）

图 2-6-8　编织线（绳）

（3）其他材料：扭扭棒（见图2-6-9）等。

图 2-6-9　扭扭棒

2. 线材手工的工具

如下所述是一些常见的线材手工工具。

（1）编织工具：编织器（见图2-6-10）、钩针（见图2-6-11）、毛线针（见图2-6-12）、塑料针（见图2-6-13）等。

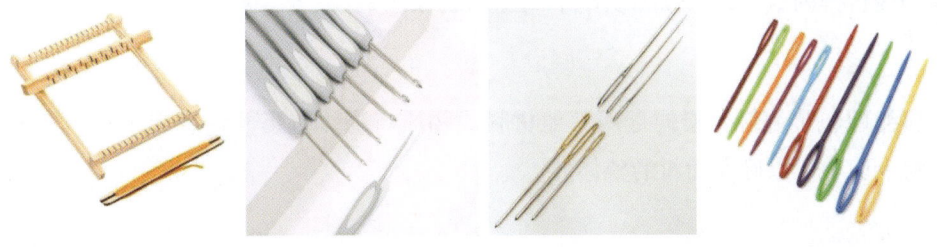

图 2-6-10　编织器　　图 2-6-11　钩针　　图 2-6-12　毛线针　　图 2-6-13　塑料针

（2）其他工具：剪刀（见图2-6-14）、热熔胶（见图2-6-15）、别针（见图2-6-16）、木棒（见图2-6-17）、直尺（见图2-6-18）、镊子（见图2-6-19）等。

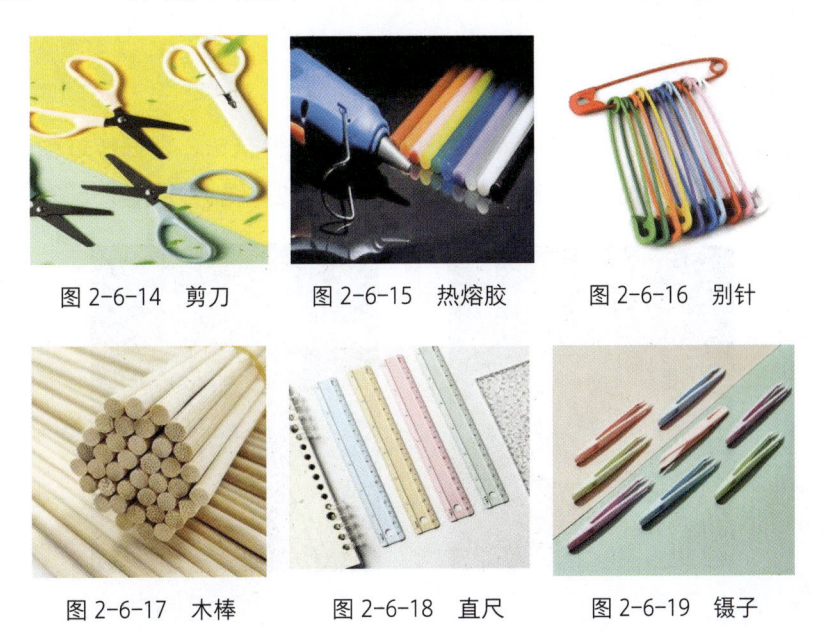

图 2-6-14　剪刀　　图 2-6-15　热熔胶　　图 2-6-16　别针

图 2-6-17　木棒　　图 2-6-18　直尺　　图 2-6-19　镊子

（三）线材手工的基本技法

1. 编织

编织是使用工具或双手，将条状物（如植物的枝条、叶、茎、皮等）互相交错或钩连，形成条形或块状结构的工艺操作。包括编辫、经纬交错编织、花纹编织等多种技法。

编辫，将一股或多股线、绳等柔软的材质分成 3～8 股，经过精心编织，形成具有特定形状和纹理的辫子。

经纬交错编织，纱线（经纱和纬纱）在织物中相互交叉、交织，经纱沿着织物的纵向（长度方向）排列，纬纱沿着横向（宽度方向）穿过经纱编织。经纱和纬纱交错编织的织物结构稳定，能够承受一定的拉伸和扭曲。

花纹编织，以经纬为基础，通过经线和纬线的交叉、连续挑上和压下（纬线在经线上或经线下）来构成基本的花纹或图案，通过不同的编织手法，将不同颜色、不同质地的线材排列组合，可以编织出不同的形状和图案。

2. 包缠

包缠即包裹缠绕，指的是用其他材料或物质将物体包裹并缠绕起来，不经过剪裁或尽量少剪裁，以确保面料的整体性。

3. 盘结

盘结又称线圈结，是中国传统手工编织工艺品的一种，属于中国结之一。

二、线材手工创作

1. 编织手链

（1）概述。编织手链（见图 2-6-20）以盘结为主要技法，在创作过程中根据手腕的粗细重复打结到合适的长度。主要制作材料为编织线（绳）（见图 2-6-21）。

图 2-6-20　编织手链　　图 2-6-21　编织手链的制作材料

（2）如图2-6-22所示是编织手链的制作过程。

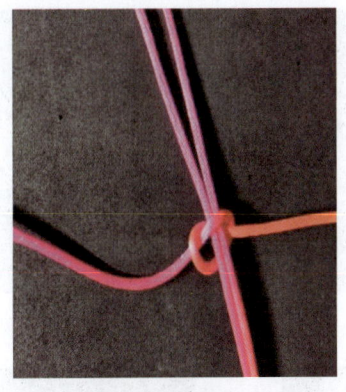

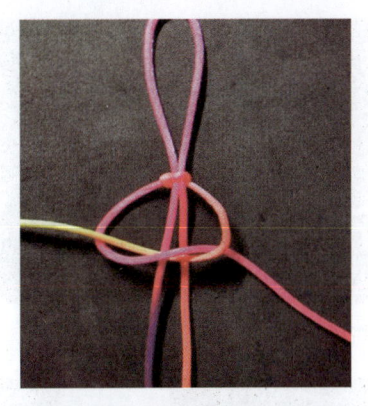

（a）水平放置的线打一个结　　　　　（b）水平放置的线打第二个结

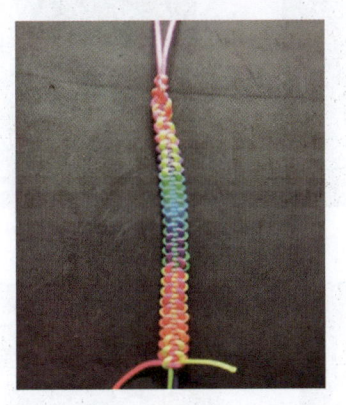

（c）重复打结至与手腕粗细合适的长度　　　（d）将手链两端打结

图2-6-22　编织手链的制作过程

2. 勾线编花

（1）概述。勾线编花（见图2-6-23）以一双筷子作为编织工具，主要运用了盘结这一基本技法。主要制作材料与工具为编织线（绳）、一次性筷子、剪刀。

图2-6-23　勾线编花

（2）如图 2-6-24 所示是勾线编花的制作过程。

（a）将两根线打个死结 　　（b）将打了死结的线缠绕在筷子上 　　（c）将右侧的绳子缠绕拉紧

（d）将左侧的绳子缠绕拉紧 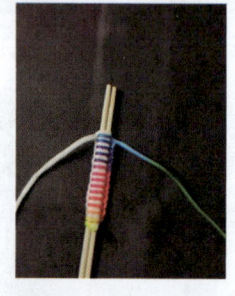　　（e）重复缠绕到所需要的长度 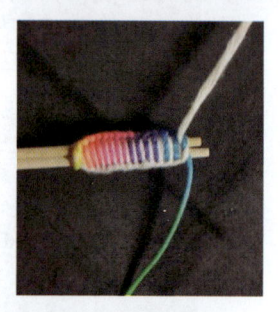　　（f）翻面

（g）打一个死结 　　（h）将一根新线从两根筷子中间穿过去并拉紧 　　（i）拿出一根新线将它卷成圈，把它系到一起

（j）收紧做好后 　　（k）将两根线拉紧，把多余的线剪掉 　　（l）将做好的花心放入花的中心

图 2-6-24　勾线编花的制作过程

3. 麻绳编扇

（1）概述。

麻绳编扇（见图 2-6-25）以麻绳为基础材料，选用花边、小花朵、花杆等综合材料（见图 2-6-26），主要运用包缠这一基本技法。

图 2-6-25　麻绳编扇 　　　图 2-6-26　麻绳编扇制作材料

（2）如图 2-6-27 所示是麻绳编扇的制作过程。

（a）粘贴花杆 　　　（b）圆形织布对折后　　　（c）将圆形织布两边向内折
　　　　　　　　　　　将花杆摆放在其中

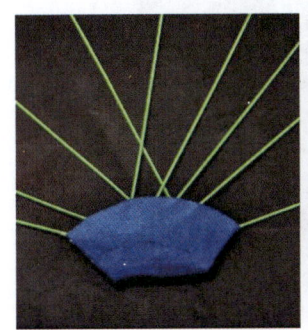

（d）将圆形织布用热熔胶粘起来 　（e）将麻绳在花杆中（一上　（f）将一根新的麻绳缠绕在
　　　　　　　　　　　　　　　　　一下）缠绕　　　　　　　纵向的花杆上

图 2-6-27　麻绳编扇的制作过程

幼儿园手工与环境创设

（g）缠到末尾花杆时，从右往左缠绕 　　（h）缠绕完成后的效果 　　（i）重复前面的步骤缠绕三层

（j）做顶部的缠绕 　　（K）顶部缠绕完成效果 　　（l）将白色花边缠绕到顶部

（m）将白色花边缠绕到底部 　（n）将小花朵粘贴到喜欢的位置

图 2-6-27　麻绳编扇的制作过程（续）

三、线材手工作品欣赏

如图 2-6-28 所示是线材手工作品。

图 2-6-28　线材手工作品

课后作业

请以小组为单位，自选主题，利用线材设计并制作一个线材手工作品。

模块三　幼儿园环保材料手工

一、幼儿园环保材料手工概述

（一）幼儿园环保材料手工的定义

幼儿园环保材料手工指的是使用可回收、可降解或对环境影响较小的材料，结合剪裁、粘贴、拼接等工艺技巧，进行的手工制作活动。这些材料包括但不限于纸张、布料、木头、自然材料（如树叶、石头）等。

（二）幼儿园环保材料手工的运用价值

1. 培养幼儿的创新思维

通过环保材料手工活动，幼儿会意识到，即使是看似无用的废旧物品，也可以通过创意和努力变成有价值的艺术品或玩具，这样的活动能够培养幼儿的创新思维，激发幼儿的探究能力。

2. 引导幼儿学习环保知识，培养环保意识

通过使用环保材料进行手工制作，幼儿能够直观地了解到废物再利用的重要性，这种体验能够激发幼儿对环境保护的兴趣和责任感，促使他们在日常生活中更加关注环境问题，养成节约资源和保护环境的良好习惯。

（三）幼儿园环保材料手工的材料来源

1. 自然材料

树叶、树枝、干花、坚果（壳）、贝壳、石头、沙土泥等。

2. 废旧材料

（1）金属类材料：奶粉罐、易拉罐等。

（2）塑料类：塑料瓶、瓶盖、塑料蛋糕盘等。

（3）木质类：雪糕棍、一次性筷子、棉签等。

（4）纸类：纸杯、纸箱、卷纸筒、鞋盒、报纸等。

（四）环保材料的利用原则

1. 因地制宜、就地取材

积极发现身边各类可以利用的材料，突出地方特色，发挥特有材料的优势，创作具有浓郁地方特色的手工作品。

2. 艺术性与实用性结合

作品应具有一定的艺术性，在创造、色彩等方面要符合审美要求。除考虑作品的装饰作用外，要尽可能地与实用性相结合，满足教学要求。作品要结构简单、牢固，便于制作与掌握。

3. 坚持安全、卫生、合理的原则

排除制作中的不安全因素，制作前要对材料进行清洗、消毒，尽可能使用环保型材料，根据制作内容，选择适当的材料。

二、幼儿园环保材料手工的创意造型方法和案例

（一）幼儿园环保材料手工的创意造型方法

1. 从材料自身的特点出发，考虑利用的可能性

将材料的外形特点与手工创意造型相结合，可以根据材料的内部结构（如截面形状等）来考虑利用的可能性。

2. 针对制作内容，考虑材料的可利用性

根据制作内容，考虑选用哪一种材料能更好地表现作品的主题。如要制作一只猫头鹰（见图 3-1-1），可以先用画纸剪出猫头鹰的基本形状，然后将洁白柔软的羽毛贴在画纸前面模拟猫头鹰细腻的羽毛，最后用超轻彩泥来塑造猫头鹰稳固的腿。

图 3-1-1　猫头鹰

（二）幼儿园环保材料手工的创意造型案例

1. 自然材料的创意造型案例

将大自然中的树枝、树叶、木头、贝壳等材料通过创意想象、组合拼接、修剪、粘贴等步骤可以创造出有趣又富有童心的作品，造型逼真又不失新意，如图 3-1-2 所示是自然材料创意造型案例。

图 3-1-2　自然材料创意造型案例

2. 废旧材料的创意造型案例

对作品形象进行初步设计，通过把生活中常见的废旧材料，如纸杯、牙刷、布料、塑料瓶、一次性筷子、纸箱等进行组合，可以创作出有趣的装饰画或游戏素材，如图 3-1-3 所示。

图 3-1-3　废旧材料创意造型案例

> **课后作业**

请以小组为单位，自选主题，使用环保材料设计并制作一个环保材料手工作品。

下编　幼儿园环境创设

知识目标

1. 了解幼儿园各区域环境创设的概念、特点及区域环境创设的意义；
2. 熟悉幼儿园区域环境创设的内容及基本要求；
3. 掌握幼儿园区域环境创设的原则及创设措施。

技能目标

1. 能根据幼儿园各区域功能，设计并规划幼儿园区域环境创设方案；
2. 能运用幼儿园区域环境创设相关知识和技能，进行区域环境创设。

素质目标

1. 养成认真专注、敢于探究和尝试、耐心细致的工作态度和习惯；
2. 激发创设幼儿园区域环境的兴趣，体验环境创设的快乐；
3. 深化保教结合意识、环境育人的观念。

模块四　幼儿园环境创设概述

一、幼儿园环境

（一）幼儿园环境的定义

我们都生活在一定的环境中，学者们一般将环境定义为：环境是围绕人类的外部世界，是人类生存和发展的一切条件的总和。人与环境的关系密不可分，一方面环境既是人类赖以生存的基础，又是人类进步和发展的条件，因此从某种意义上讲，环境造就人；另一方面，人类通过不断地改造环境，使其更有利于自身的生存和发展。

幼儿园环境有广义和狭义之分。广义的幼儿园环境是指幼儿园为幼儿生活和学习所提供的一切条件的总和，既包括园内环境又包括园外环境。狭义的幼儿园环境特指幼儿园的园内环境，是指影响幼儿身心发展的所有物质和精神要素的总和。

（二）幼儿园环境对幼儿发展的作用

幼儿园环境对幼儿的发展具有重要的作用。首先，幼儿园环境为幼儿提供了安全舒适的学习场所；其次，幼儿园环境可以激发幼儿的认知和学习兴趣；再次，幼儿园环境有利于培养幼儿的积极情感与审美能力；最后，幼儿园环境能促进幼儿社会性与个性的发展。当我们走进幼儿园，我们可以看到幼儿园环境对幼儿施加教育影响的方式无处不在，从某种意义上讲，环境是一位无声的"教师"（见图 4-1-1）。

图 4-1-1　环境是一位无声的"教师"

（三）幼儿园环境的分类

幼儿园环境从不同的角度可做不同的分类。

1. 按照幼儿园环境的形态分类

（1）幼儿园的物质环境。幼儿园的物质环境是指幼儿园内对幼儿发展产生影响的一切物质形态的环境，包括建筑物、设施设备、玩具、图书等一切看得见、摸得着的物质要素。

（2）幼儿园的精神环境。幼儿园的精神环境又称幼儿园的心理环境，是指幼儿园内对幼儿发展产生影响的一切精神因素的总和，主要包括幼儿园的制度环境和文化环境。幼儿园的精神环境虽然看不见摸不着，却是我们身临其中能够体会到的一种氛围。

2. 按照幼儿园环境的功能分类

（1）幼儿园的保育环境。幼儿园的保育环境是指围绕幼儿园保育工作目标和要求为幼儿而创设的各种物质条件和精神条件。保育环境的创设需要遵循一些特定的法规和文件，如《幼儿园管理条例》等。

（2）幼儿园的教育环境。幼儿园的教育环境是指围绕幼儿教育工作的目标和要求为幼儿所创造的各种物质条件和精神条件。幼儿园教育环境的创设也需要遵循《幼儿园工作规程》《幼儿园教育指导纲要（试行）》等相关法规和文件。

3. 按照幼儿园环境的作用对象分类

（1）幼儿园的班级环境。幼儿园的班级环境是针对本班幼儿的环境，一般由本班师生负责创设，各班有各班的特色。

（2）幼儿园的公区环境。幼儿园的公区环境是针对全园幼儿的环境，一般由园方组织各班老师进行创设，体现出园内资源共享的原则。

二、幼儿园环境创设

（一）幼儿园环境创设的概念

《幼儿园教育指导纲要（试行）》指出，环境是重要的教育资源，应通过对环境的利用和创设，有效地促进幼儿的发展。所谓利用，是指教师从现有的条件中挖掘出有利于教育的元素，如教师利用幼儿户外环境中的草坪、鱼池开展教育。所谓创设，是指幼儿教师根据幼儿园教育教学需要，亲自设计、人工打造环境的过程。鉴于精神环境创设和保育环境创设已被其他课程涵盖，本书幼儿园环境创设的概念特指幼儿教师根据幼儿园教育教学的需要，亲自设计、人工打造班级物质形态教育环境的过程。

（二）幼儿园环境创设的类型

根据岗位典型任务情景，幼儿园环境创设一般分为以下两种类型。

1. 墙面环境（墙饰）创设

幼儿园墙饰一般称为大墙饰（区别于区域环境中的墙面提示），主要指活动室墙面、天花板、转角等处的墙饰、吊饰等的布置。根据墙饰所对应的功能可细分为四个类型，分别是家长墙、主题墙、常规墙和文化墙，因此墙饰创设分为家长墙创设、主题墙创设、常规墙创设和文化墙创设四个类型。

2. 区域环境（区角）创设

一个班到底有多少个区角并无固定的说法，但都可以根据特定的功能定位相对地划分为八个类型，分别是生活区、体育区、语言区、角色区、科学区、建构区、美工区和表演区。因此区角创设也相应地分为生活区环境创设、体育区环境创设、语言区环境创设、角色区环境创设、科学区环境创设、建构区环境创设、美工区环境创设和表演区环境创设八个类型。

根据上述分类，结合幼儿园工作岗位的实际情况，本书将幼儿园环境创设分为两大模块、十二个任务，具体见表 4-1-1。

表 4-1-1　幼儿园环境创设项目分类

幼儿园环境创设的项目		对应的教育内容或活动类型
墙饰创设	家长墙创设	家园共育
	主题墙创设	主题教育
	常规墙创设	常规教育
	文化墙创设	班级文化
区角创设	生活区环境创设	幼儿健康教育、生活活动
	体育区环境创设	幼儿体育教育、体育活动
	语言区环境创设	幼儿语言教育、表演游戏（桌面表演）
	角色区环境创设	幼儿社会教育、角色游戏
	科学区环境创设	幼儿科学教育、智力游戏
	建构区环境创设	幼儿科学教育、结构游戏
	美工区环境创设	幼儿美术教育、美术游戏
	表演区环境创设	幼儿音乐教育、表演游戏（自身表演）

（三）幼儿园环境创设的原则

幼儿园环境创设的原则是指根据幼儿园环境与幼儿发展的内在关系，对幼儿园环境提出的基本要求，主要包括以下几个原则。

1. 教育性原则

幼儿园的环境要服务于教育，这是环境创设的核心要求。环境要体现教育的理念，促进教育目标的达成。许多同学把环境创设当作做手工布置教室的任务，只图美观和好看，这与幼儿园环境创设的本质是大相径庭的。

2. 美观性原则

美观性原则是指环境要体现形式美的特性，在色彩、造型、风格上都能给幼儿以美的熏陶。

3. 整合性原则

整合性原则指的是将环境中的各要素进行有机整合，形成和谐、统一的整体。我们可以把环境的色彩要素、形象要素、内容要素、空间要素等进行整合。幼儿园环境创设的整合是对幼儿园教育目标、内容和方式的整合的一种呼应。

4. 适宜性原则

适宜性原则是指环境要适合不同阶段和不同发展水平的幼儿。首先，不同年龄班的环境创设应不同，如为小班幼儿创设温馨的生活环境，为中班幼儿创设友好的交往环境，为大班幼儿创设浓厚的学习环境。再次，幼儿园环境创设也要满足班级内不同发展水平幼儿的需要，如在美工区为不同发展水平的幼儿投放不同层次的操作材料。

5. 互动性原则

互动性原则是指环境不是那种"只能看不能摸"的东西，环境不能是一种"摆设"，环境应与幼儿产生交流。如墙饰的高度应与幼儿的视线平齐，墙饰要有"留白"的设计。

6. 参与性原则

参与性原则是指环境不能只是教师的"杰作"，幼儿也应参与到环境的创设中。幼儿既是环境的使用者，也是环境的创设者。

7. 经济性原则

经济性原则是指环境创设要遵循"少花钱多办事"的原则，如材料的选择要因地制宜，多利用无毒无害的自然材料、废旧材料，玩教具的制作方面要尽量牢固，能让幼儿多次反复使用。

8. 个性化原则

个性化原则是指环境是一个幼儿园、一个班的"脸面",环境创设要凸显办园特色和班级特色,让人没有"千园一面"的感觉。

9. 安全性原则

安全性原则是环境创设的首要原则。应避免一切对幼儿安全有威胁的因素,如有毒的材质、有锐边利角的玩教具、易脱落的细小零件等。

(四)幼儿园墙饰创设的流程

虽然幼儿园的墙饰创设分为四个类型,但无论哪种类型的墙饰创设都可以按照以下流程进行。

1. 对墙饰的功能进行定位

墙饰的功能定位解决的是墙饰创设的目的问题。任何墙饰都是服务于幼儿园教育教学的。例如,主题墙是服务于幼儿园的主题活动,因此进行主题墙创设前我们需要对班级主题活动的目标、内容和形式进行研究。脱离幼儿园实际教育教学进行的墙饰创设是一种无意义的装饰。

2. 按照墙饰的结构要素进行设计和制作

一般来说,一个完整的墙饰包括以下五个结构要素(见图 4-1-2)。

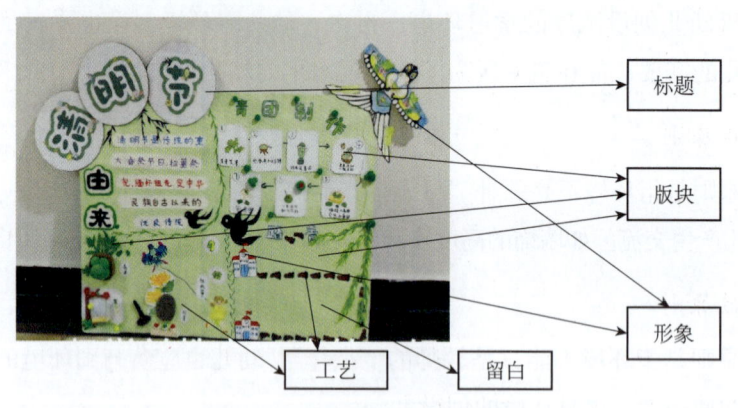

图 4-1-2 墙饰的五个结构要素

(1)标题。指墙饰的主旨或要表达的中心意思。标题可以是文字的,如主题墙"清明节";也可以是非文字的、暗藏在墙饰的形象中的,如大红灯笼的吊饰暗藏着"迎新年"的主题。

(2)版块。指墙饰的内容框架。有的墙饰只有一个版块,有的墙饰有好几个版块,如主题墙"清明节"包括"由来""踏青""青团制作"等版块。

（3）留白。指版块中需要动态更换或可以互动操作的具体内容。墙饰的创设往往不是一次成型的，而是一个动态的过程。如主题墙"清明节"版块"踏青"下面的留白需要后面搜集幼儿的活动照片进行补充。还有的墙饰留白需要互动操作，如常规墙"今天我值日"，值日生的安排一栏是将姓名牌设计成可以移动的方式进行更换的。

（4）形象。指墙饰的艺术形象，可以分解为色彩、造型、构图三个要素。墙饰的形象一般应与墙饰的标题和内容一致。如"清明节"的形象在色彩的设计上主要以绿色为主，造型上的设计用燕子、风筝、柳枝等与清明节相关的形象。

（5）工艺。指墙饰的制作具体采用什么材料、运用什么技法、形成的是平面还是具有立体效果。如上述"清明节"墙饰的主要材料是纸材，主要技法是纸浮雕，形成的效果偏平面。此外，许多幼儿园会利用各种工艺做出具有立体效果的墙饰作品（见图4-1-3）。

3. 墙饰的调整和优化

制作好的墙饰在投入使用的过程中，还需要分析墙饰发挥的实际效果如何，并不断进行优化和调整。如设计和制作好的主题墙是否能够吸引幼儿的注意，是否与该班主题教育活动的开展相匹配，是否实现了墙饰设计之初的意图。

图 4-1-3　具有立体效果的墙饰

（五）幼儿园区角创设的流程

虽然幼儿园的区角创设分为八个类型，但无论哪种类型的区角创设都可以按照以下几个流程进行。

1. 确定区角的功能定位

根据教育教学的需要，每个班都创设了多种类型的区角，它们共同服务于本班的教育教学，但是各类型的区角在功能上有所侧重，如语言区的功能侧重幼儿的语言教学，科学区的功能要满足幼儿学习数学的需求等。

2. 按照区角的结构要素进行设计和布置

一个完整的区角创设，需要考虑以下五个结构要素（见图4-1-4）。

图 4-1-4　区角创设的五个结构要素

（1）区域标牌。指用标牌展示区角的名称和提示该区角的主要活动内容。区角标牌的设计应方便幼儿进行选择。在内容的设计上可以取一个富有童趣的名字，如"小小餐厅""尚丰包子铺"；在形式的设计上可以根据幼儿的年龄特点采取纯文字、纯图形或图文并茂的方式。

（2）场景。指根据区域活动的需要而合理规划区角的空间布局。例如，角色区"小小医院"场景，有看病场景、治疗场景、取药场景。场景布置既能让幼儿迅速地进入该区域的活动中，也能有效地管理幼儿的自主区域活动。

（3）材料投放。指按照区角的功能，为幼儿提供一切具有操作性的玩具或游戏材料。材料的投放是区角布置中的重中之重。材料中蕴含了教师的教育目标和内容，每个区角材料的投放都要遵循教育性、年龄性、层次性、操作性、多样性等原则。

（4）墙面提示。在区角的布置中可以利用区角的墙面设计提示标语，如进区的规则、材料的操作方法、游戏的具体玩法和活动中遇到问题该如何解决等。

（5）整理标识。整理标识是对区角中的各种材料和工具如何物归原处的一种提示。易于幼儿理解的整理标识既可以实现幼儿自主管理区角的目的，又可以培养幼儿的整理意识和能力。

3. 区角的调整和优化

当区角布置投入使用后，要随时搜集幼儿在进行区角活动时的情况，分析区角布置是否能有效支撑幼儿的区角活动，如材料是否能吸引幼儿的注意、材料是否能满足不同幼儿的需求、材料的数量是否充足等，并据此进行调整和优化区角布置。

> **课后作业**
>
> 1. 调研某幼儿园某班级的环境创设，并按照环境创设的原则进行评析。
> 2. 搜集一个幼儿园墙饰作品，从墙饰创设的五个结构要素进行分析。
> 3. 调研某幼儿园某年龄班的区角，将某一区角按照区角布置的五个结构要素用表格的方式进行呈现。

模块五　墙饰与区角

任务一　家长墙创设

一、家长墙创设的基本理论

（一）家长墙的定义

家长墙也叫家园联系墙，是教师与家长之间沟通信息、传递教育理念、展示幼儿成长的墙面平台。家长墙一般设置在班级教室门口或家长接送孩子的必经之地，具有服务于班级家园共育的功能。如图 5-1-1 所示是班级教室门口的家长墙。

图 5-1-1　班级教室门口的家长墙

（二）家长墙与家园共育

《幼儿园教育指导纲要（试行）》指出，"家庭是幼儿园重要的合作伙伴。应本着尊重、平等、合作的原则，争取家长的理解、支持和主动参与，并积极支持、帮助家长提高教育能力。"家园共育是班级的重要工作，开展家园共育最基本的手段是搭建家园沟通的平台，与家长座谈会、家长开放日相比，家园联系栏作为一种物态化的平台具有亲切、稳定、留痕的特点，是家园共育的特殊手段。

（三）家长墙创设的原则

1. 目的上服务于本班的家园共育工作

家长墙并非一种简单的可有可无的装饰，家长墙的"读者"主要是本班的家长群体，家长墙的创设应贯穿"经营"的理念，利用家长墙的"窗口"作用，使其成为幼儿教师开展家园共育工作强有力的手段。

2. 内容上有针对性并能够及时更新

家长墙是家长了解幼儿园的一个重要窗口，因此在内容设计方面要结合家长的心理需求和阅读兴趣进行精心设计，以期得到家长的广泛认可和主动配合。首先，家长最想了解、最关注的事应该是家长墙内容设计的主要依据。其次，每个栏目的内容要及时更新，以使家长常读常新，吸引家长的注意力。

3. 形式上符合家长的审美需求

家长墙的阅读者主要是家长，因此在形式上应该体现出清新典雅、朴素自然、理性简约的审美品味，不应过多使用明艳的色彩、夸张的造型，同时应与幼儿园的整体环境相协调（见图5-1-2）。

图5-1-2　家长墙的设计要与幼儿园整体环境相协调

4. 效果上引领家长配合

一个成功的家长墙应该能达到使家长在观念上和行为上与幼儿园教育相配合的效果。通过家长墙的引导，让家长们更加关注班级教育工作、理解幼儿园教育、配合幼儿园教育。

二、家长墙创设流程与案例

（一）家长墙创设流程

1. 分析班级家园共育的重点

一般小班家长的关注点是幼儿的吃喝拉撒等问题，因此家园共育的重点更多放在新生来园的注意事项，如每周食谱、如何缓解分离焦虑、幼儿不吃饭怎么办等。中大班家长的关注点更侧重班级各项活动的开展，因此家园共育的重点应放在每周活动、"请您关注"及幼小衔接方面。

2. 按照墙饰的五个结构要素进行家长墙的设计与制作

（1）标题。

家长墙标题的设计是为了吸引家长的关注，同时体现幼儿园教育的特点。我们可以给家长墙取一个简洁又温馨的名字如"爸爸妈妈看过来""家园共育桥梁""家园小憩""家园在线"等。

（2）版块与留白。

根据家长墙内容设计的原则，家长墙常见的版块有以下几种。

"本周计划"版块。家长对于幼儿在园中的学习生活较为感兴趣，幼儿园通过创设这个版块向家长介绍班级本周教学计划，吸引家长关注幼儿园的教育工作，以便家长及时了解并积极配合幼儿园的教学活动。

"童言稚语"版块。在幼儿成长的过程中，总有一些可爱的言语和举动值得记录。教师通过创设这个版块记录幼儿的可爱瞬间并与家长分享或留作纪念。这些细心的记录会使家长感受到幼儿园老师对幼儿的关心与关注，能让家长和老师之间产生强烈的共鸣，起到良好的家园共育效果。如"我给爸爸妈妈提意见""我最想做的事"，让家长了解孩子的成长细节。

"科学育儿"版块。在育儿过程中家长时常感到困惑，幼儿园可以针对一些共性问题开辟科学育儿版块，向家长介绍一些育儿常识和育儿方法。幼儿园也可以将这个版块作为家长之间分享育儿经验的平台。

"请您留言"版块。放入家长写给班级的建议和意见，教师可以随时了解家长的心声。

根据家长墙内容的设计原则，家长墙每个版块下还应设计留白部分。留白应定时更新，并具有一定的连续性，使之成为家长的阅读期待。

（3）形象与工艺。

家长墙的形象设计包括构图设计、造型设计和色彩设计等要素。形象设计应与家长墙的标题和内容一致,达到形神兼备的效果。如"爱,从这里出发"的标题,可用一列小火车的形象与之呼应。

家长墙的工艺设计包括材料、技法和作品效果的设计。材料应便于更换,可选用一些特殊的材料做底板,如万通板、KT板等易于撕贴的材质;技法的设计也要考虑便于更换,如设计成可以插贴的口袋(见图5-1-3);作品效果的设计可以增加立体感(见图5-1-4)。

图 5-1-3　家长墙上可以插贴的口袋　　　图 5-1-4　有立体感的家长墙

3. 家长墙的调整和优化

家长墙投入使用后还需要观察使用效果,若使用效果不佳,需要找出问题、分析原因,并提出调整和优化策略。例如,有的家长墙对家长的吸引力不够,就需要分析是内容的设计不合理还是形式的设计不够醒目,并及时作出调整。

(二)家长墙创设案例

如图5-1-5所示是小班家长墙创设示例——"爱,从这里出发"。

1. 小班家园共育背景分析

小班幼儿刚入园,家长们都很担心孩子们是否能适应幼儿园的生活。通过设计家长墙可以让家长更具体地了解幼儿在幼儿园的一日生活。

2. 按照墙饰的五个结构要素进行家长墙的设计和制作

(1)标题。

我们为家长墙取了一个好听的名字"爱,从这里出发"。用这个名字是想告诉家长,请放心把孩子交到我们手里。

图 5-1-5　小班家长墙——"爱，从这里出发"

（2）版块和留白。

从家长关心的问题出发设计了四个版块，分别是主题沙龙、精彩一周、温馨提示和育儿茶座。并且会定期更换每个版块下面的留白部分。

（3）形象和工艺。

采用卡通小火车在铁轨上行驶的艺术形象，象征着"爱从这里出发"，通过暖色调的色彩搭配传递出浓浓的爱意，运用纸浮雕的工艺凸显立体感。

3. 家长墙的调整和优化

家长墙投入使用后，我们发现留白的设计文字过多，不易吸引家长注意。因此我们更换成图文并茂的方式，家长的阅读兴趣随之高涨。

三、家长墙创设作品欣赏

如图 5-1-6 所示是幼儿园家长墙图示。

图 5-1-6　幼儿园家长墙图示

图 5-1-6　幼儿园家长墙图示（续）

> **课后作业**
>
> 以小组为单位，任选一个年龄班，设计和制作一面家长墙。

任务二　主题墙创设

一、主题墙创设的基本理论

（一）主题墙的定义

主题墙指在班级主题教育活动的背景下，围绕班级主题教育活动的目标、内容和过程创设的可供幼儿和教师互动的墙饰和吊饰。

（二）主题墙与主题活动

主题墙是与幼儿园主题教育活动密切相关的墙饰和吊饰，是幼儿园主题教育活动的物化形态。主题墙随着主题教育活动的产生而产生，随着主题教育活动的发展而发展。一个主题墙对应一个主题活动，主题墙对主题活动的开展自始至终起着支持的作用。主题墙与主题教育活动的关系主要表现在以下三个方面。

（1）在主题活动开展之初，主题墙的创设可以帮助营造主题活动的氛围，可以生成主题活动的内容。

（2）在主题活动开展之中，主题墙是主题活动顺利开展的基本物质条件。

（3）在主题活动开展之后，主题墙记录了主题活动的整个过程，起到梳理知识的作用。

（三）主题墙创设的原则

1. 紧扣班级主题教育活动进行创设

主题教育活动是目前我国幼儿园主要采用的课程模式。一般是以幼儿感兴趣的话题作为主题，整合五大领域的目标和内容而开展的教育活动。一般来讲，班级每学期都会围绕大小不同的几个主题开展教育活动。常见的是每月有一个大主题，在大主题下通常按周又划分为相关联的几个小主题。如大班月主题为"我要上小学了"，在这个主题下又划分为"参观小学""我的小书包""毕业时刻""小课堂"等几个周主题。主题墙要紧扣班级主题教育活动进行创设，主题墙是主题教育活动的重要手段，主题墙的标题设计、版块设计、留白设计等都要与活动主题保持一致。

2. 动态性原则

主题活动具有一定的时效性，因此每学期主题墙也会更换数次。另外主题教育活动是一个动态生成的过程，即便是一个主题墙的创设也并非一次性完成，要考虑活动前、活动中及活动后的动态创设。

3. 师生共同参与原则

主题墙的创设并非教师的杰作，也并非完全由幼儿来完成。主题墙的创设要考虑师幼共同参与。一般是由教师做整体框架的设计，制作底衬、统一色彩，留白部分由幼儿补充。观察如图5-2-1所示的某大班主题墙，尝试找出主题墙创设中教师和幼儿分别承担的任务。

图5-2-1　某大班主题墙由师生共同创设完成

4. 立体性原则

主题墙的创设要充分利用三维空间，打造一个有氛围感的立体的主题环境。除将墙饰安放在活动室最显眼的位置、高度与幼儿视线平行外，还要增加一些挂饰来烘托主题活动的氛围，如可以配合"端午节"主题活动设计一些相关的挂饰（见图5-2-2）。

图 5-2-2　为"端午节"主题活动设计的挂饰

二、主题墙创设流程与案例

（一）主题墙创设流程

1. 分析班级主题教育活动，确定主题墙创设的目的

主题墙的设计是以班级主题教育活动为依据的，因此设计之前我们要分析相应的主题教育活动。

（1）首先分析主题教育活动的类型。幼儿园主题教育活动大致涉及三大类：第一类是成长类主题，如小班主题活动"我有一双小小手"，中班主题活动"了不起的我"，大班主题活动"我要上小学了"；第二类是自然类主题，如中班主题活动"夏天来了"，小班主题活动"动物世界"，大班主题活动"嫦娥奔月"；第三类是社会类主题，如大班主题活动"我是中国人"，中班主题活动"相亲相爱"，小班主题活动"我的家"。

（2）其次分析主题网络图。主题网络图会揭示整个主题活动的内容结构。一般来说，一个大主题往往会包含几个有递进关系的小主题，而每个小主题下面又会包含各领域具体的教育内容、各种不同的活动组织形式等。

（3）最后分析每个子活动的具体活动方案，找到活动与墙饰之间的互动关系。如"我要上小学了"主题活动中的子活动"小学知多少"和"我心中的小学"，可搜集幼儿的绘画作品或手工作品布置主题墙。

2. 按照墙饰的五个结构要素进行主题墙的设计和制作

（1）标题。

主题墙的标题应该和主题活动名称一致。标题应该显眼，字号的设计可以稍大一些，字体的设计尽量规范，不建议使用变体字。

（2）版块。

主题墙的版块设计可以和主题网络图中的二级标题或子活动一致。如主题墙"清明节"的版块有四个：清明节由来、清明节习俗、青团制作和踏青。

（3）留白。

主题墙的留白要根据子活动的方案进行设计，建议让幼儿参与布置，可以包括幼儿的作品、幼儿活动的照片等。

（4）形象。

主题墙的形象设计指的是整个画面的艺术形象，包括造型、色彩和构图等基本要素，要符合幼儿的审美品位。

（5）工艺。

主题墙的工艺设计主要考虑采用什么材料和技法来完成制作，作品的整体效果如何，常见的主题墙工艺设计有纸浮雕、布贴画、泥浮雕等。

3. 主题墙的调整和优化

主题墙投入使用后，在主题活动开展的过程中分阶段完成主题墙的完善、调整和优化。

（二）主题墙创设案例

如图 5-2-3 所示是大班主题墙创设案例——"生命的奇妙之旅"。

图 5-2-3　大班主题墙——"生命的奇妙之旅"

1. 主题教育活动背景分析

大班主题教育活动"生命的奇妙之旅"源于幼儿对各类生命的好奇。本主题活动通过探索植物的生命、动物的生命、人的生命，让幼儿感受生命的美好和神奇，从而激发幼儿敬畏生命、热爱生命、珍惜生命的情感。该主题活动分为三个小主题，分别是植物的生命之旅、动物的生命之旅和人的生命之旅，三个小主题下面有多个具体的子活动。

2. 设计和制作

（1）主题墙标题的设计：与主题活动的名称一致。

（2）主题墙版块和留白的设计。

版块1："我从哪里来"。展示宝宝生命的由来，留白部分可以请幼儿搜集自己出生前后的照片。

版块2："昆虫世界"。展示青蛙的生长周期、记录"蚕宝宝的生长过程"，留白部分让幼儿搜集"我见过的昆虫"照片。

版块3："种子的生长过程"。展示种子的生长周期，留白部分可以请幼儿做植物生长的观察记录。

（3）主题墙形象和工艺的设计。

形象的设计：用长出新绿的树叶、含苞待放的花朵等春天的元素象征蓬勃的生命。

工艺的设计：以纸浮雕工艺为主。

3. 调整和优化

主题墙在投入使用后，发现版块2留白部分的设计不太符合子活动的方案，故调整为可以让幼儿观察益智区蚕宝宝的生长过程，并做观察记录。

三、主题墙创设作品欣赏

如图5-2-4所示是主题墙创设作品。

（a）"你好呀！春天"

图5-2-4 主题墙创设作品

（b）"春节到"

（c）"我的动物朋友"

图 5-2-4　主题墙创设作品（续）

课后作业

以小组为单位，任选一个年龄班，设计和制作一面主题墙。

任务三　常规墙创设

一、常规墙创设的基本理论

（一）常规墙的定义

常规墙也叫常规教育墙饰，是根据班级常规教育的任务所创设的墙饰和吊饰。幼儿园常规墙的种类繁多，常见的有针对出勤的签到墙，针对值日生工作和安排的值日生墙、今日播报墙，针对班级集体生活约定的班规民约墙，对幼儿进行表扬激励的红星榜和评比栏，对幼儿进行安全提示的各种安全教育墙，引导幼儿进行自我情绪管理的情绪墙，对幼儿自主游戏进行管理的游戏计划墙等。

（二）常规墙与常规教育

叶圣陶说，教育就是习惯的培养。幼儿园的常规教育有助于培养幼儿良好的习惯。常规是一种外在的要求，当这种要求被幼儿内化后就形成一种习惯，如要求幼儿按时到校并持之以恒，就可以使幼儿养成一种规律作息的习惯。常规墙作为常规教育的手段，有着独特的作用，它可以将看不见摸不着的常规以物态化的形式展示在幼儿面前，如为了让幼儿明白今天谁值日，值日生应该做什么，可以创设值日生墙（见图5-3-1），以帮助幼儿理解和接受。

图 5-3-1　值日生墙

（三）常规墙的创设原则

1. 紧扣班级的常规教育进行创设

常规墙的创设应紧扣班级的常规教育来进行创设，特别是要根据不同年龄班常规教育的重点来进行有针对性的设计。不同的年龄班有不同的常规教育重点，如小班要突出生活常规的教育，中班则更强调交往常规的教育，而大班更注重学习常规的教育。此外，即便相同的年龄班，每个班的常规教育重点也会因学情的不同而有所差异。

2. 注重管理性和实效性

常规墙作为常规教育的手段，不应是一种好看不中用的设计，而应让其成为一种进行常规管理的强有力的手段。首先，常规墙应结合幼儿的一日活动来进行设计。其次，常规墙的设计要能反映幼儿日常的行为习惯，敦促幼儿改进自己的行为，逐渐形成自我管理的能力。如签到墙"早上好""今天我来啦"（见图5-3-2）的设计，每个来园的孩子可以给自己选一个喜欢的彩球或彩棒放在自己的名字下面，这种具有互动性的设计可以激励幼儿每日按时来园。

图5-3-2 签到墙

3. 体现一贯性和一致性

一贯性就是保持常规教育内容的稳定性，这也是常规墙相对于主题墙频繁更换而言较少更换的原因所在。常规的培养需要持续一定的时间才能奏效，因此常规墙的设计也应保持内容的相对稳定，一般来讲一个常规墙一个学期更换一次。

一致性就是各个活动中的常规要求要统一，避免出现矛盾，因此各个常规墙的设计在内容上不能有冲突。如评比栏的设计"谁是今天的乖宝宝"，这就要求乖宝宝的评选条件和值日生墙、签到墙的内容相一致。

二、常规墙创设流程与案例

（一）常规墙创设流程

1. 分析班级常规教育的重点

教师应根据班级幼儿的实际情况，按照《幼儿园教育指导纲要（试行）》和《3—6岁儿童学习与发展指南》的精神确定班级常规教育的重点。一般来说，小班常规教育的重点应突出基本的生活常规，如知道幼儿园的一日生活安排、按照作息时间进行活动、保持良好的情绪等。中班常规教育的重点应突出基本的交往常规，如能与同伴友好相处、愿意为班级做一些事情等。大班常规教育的重点应突出基本的学习常规，强调自觉性的培养。

2. 按照墙饰的五个结构要素进行常规墙的设计和制作

（1）标题。

可以根据某个常规教育内容，取一个幼儿感兴趣的标题，如为了让幼儿识别自己的情绪所创设的"情绪墙"（见图 5-3-3）。

图 5-3-3　常规墙——"情绪墙"

（2）版块和留白。

版块的设计要根据一定的内容逻辑设计出为什么做、做什么、怎么做、做得怎么样等版块。内容设计要有逻辑性。如签到墙的设计，不仅要有记录幼儿出勤的内容，还要有"什么是签到""为什么要签到"等内容（见图 5-3-4）。

图 5-3-4　签到墙版块的设计

常规墙留白的设计一般需要考虑互动性，即让墙饰与幼儿之间产生互动和交流，起到引导幼儿自我管理的效果。如表现积分墙（见图5-3-5），为每个幼儿设计一个"存折"，幼儿每进步一次，就能获得教师的一个印章作为奖励，以使每个孩子为得到更多的印章而主动进行自我管理。

图 5-3-5　某班幼儿的表现积分墙

（3）形象和工艺。

常规墙的形象要根据不同的常规主题，按照幼儿喜闻乐见的形象进行设计，从而将抽象的常规变成幼儿能够理解的具体形象。如表现积分墙可以设计为"存折"的艺术形象，也可以设计为"谁的星星多"这样的形象。

常规墙的工艺设计要考虑简洁、耐用、利于互动的原则，因此在材料选择上可以考虑使用坚固耐用的各种废旧材料，如布织布、纸壳、瓶盖等，制作技法上要更多地采用操作性设计来引导幼儿与之互动。如图5-3-6所示是两组不同的签到墙，左边的墙饰是引导幼儿来园后将自己的标识插入对应的卡槽中，而右边的墙饰则是引导幼儿将自己的标记挂在对应的位置上。

图 5-3-6　两组不同的签到墙

3.常规墙的投入使用与调整优化

常规墙和常规教育紧密结合在一起，使用频率较高且周期长，因此在设计之初应充分考虑其便捷性与牢固性，若非特殊原因不建议经常调整更换。

（二）常规墙创设案例

如图 5-3-7 所示是小班常规墙创设案例——"快乐魔法"。

图 5-3-7　小班常规墙——"快乐魔法"

1. 分析班级常规教育重点

小班幼儿的情绪具有不稳定、易受感染的特点，加上刚入园时的分离焦虑，幼儿的负面情绪比较多，不利于幼儿身心健康和各种活动的顺利开展。因此让幼儿学会识别自己的不良情绪，体会拥有良好情绪的重要性，并学会整理自己的情绪成为小班常规教育的重点。

2. 按照墙饰的五个结构要素进行常规墙的设计与制作

（1）标题。

标题叫"快乐魔法"的初衷是希望每个孩子都拥有让自己变得快乐的魔法。

（2）版块和留白。

针对情绪管理设计了两大版块"识别情绪"和"管理情绪"。其中"识别情绪"版块的主要目的是让幼儿识别和感受五种不同的基本情绪，"管理情绪"模块的主要目的是引导幼儿学会调节自己的负面情绪。

（3）形象和工艺。

"识别情绪"版块主要借鉴了耳熟能详的绘本故事"情绪小怪兽"的艺术形象进行设计，五种不同的颜色代表五种不同的心情，利用拧瓶盖的工艺设计让幼儿与墙饰进行互动。"管理情绪"版块主要利用幼儿自己的画作进行布置，具有强烈的亲切感。

3. 常规墙的投入使用与调整优化

常规墙投入使用后，观察到幼儿特别喜欢分享自己的快乐情绪，对负面情绪如何进行调节缺少应对，于是教师增加了"心情转换站"等版块。

三、常规墙作品欣赏

如图 5-3-8 所示是常规墙作品示例。

图 5-3-8　常规墙作品示例

> **课后作业**
>
> 以小组为单位，自选一个年龄班，设计和制作一组常规墙。

任务四 文化墙创设

一、文化墙创设的基本理论

（一）文化墙的概念

当我们旅行到一个地方，会被当地随处可见的文化符号所感染，从而体会到当地独特的文化。犹如各地都有自己的文化名片，每个班也都应该有自己的独特标识——文化墙。文化墙是指针对班级文化而创设的具有班级个性的墙饰。

（二）文化墙与班级文化

文化墙是塑造班级特定文化的手段，是彰显班级风貌、体现办园特色的特殊标识。文化墙给班级环境铺上了一层底色，文化墙使幼儿园的环境创设具有一园一风貌、一班一特色的功能。当今，创办特色幼儿园成为幼儿园提升自身办园质量的必然趋势，各幼儿园为了自身的生存和发展需要都在致力于突出"办园特色"，在这种情况下形成了各种不同的园本文化。如有的幼儿园纳入当地传统文化形成剪纸特色幼儿园，有的幼儿园纳入乡土资源形成田园特色幼儿园，还有的幼儿园以阅读为特色，以艺术为特色等。这种园本文化渗透在各班级中就形成了独特的班级文化。班级文化物化于环境就形成了各具特色的文化墙。当我们走入一所特色幼儿园，从环境中就能感受到浓浓的文化氛围。如一所以自然生态文化为特色的幼儿园，在各个班级就能看到各种大自然元素的装饰（见图 5-4-1）。

图 5-4-1 体现自然生态文化的某幼儿园文化墙

（三）文化墙创设的原则

1. 结合幼儿园文化和班级文化创设

幼儿园文化是一种特殊的育人文化，每个幼儿园在其长期的办学过程中都会积淀出自己独有的文化，形成自己的特色。而班级文化深受幼儿园文化的影响，是幼儿园文化在班级具体层面的细化和落实，是班级成员在学习、生活和交往过程中共同形成的价值观念、行为准则、班级风气和人际关系的总和。所以同一个幼儿园各个班级的文化既有幼儿园文化的共性，又有每个班级的个性。文化墙的创设需要深入分析幼儿园文化和班级文化，然后将二者结合起来。

2. 保持稳定性

文化一旦形成就具有相对稳定性，班级文化同样如此。班级价值观是班级文化的核心，代表班级的精神面貌和共同追求的目标，具有相对稳定的特点。文化墙是班级文化的物化形态或符号标识，应顺应班级文化的特征，保持相对的稳定性，这也是文化墙少有更换的原因所在。也正是因其鲜少更换，许多幼儿园对文化墙的创设力求精益求精，甚至请专业的公司来设计和制作。

3. 避免喧宾夺主

班级主题墙和常规墙是墙饰的主角，应更加突出和显性化。班级文化墙在设计上应有配角和背景意识，不宜喧宾夺主，所以文化墙在形式上不宜夸张，色彩不可过于艳丽，以免分散幼儿注意力。

4. 巧妙利用班级空间

文化墙要巧妙利用三维空间打造有包围性的氛围，将转角、天花板、走廊等处的空间进行处理，与艺术形象融为一体，打造出整体和谐的美感。如我们可以在转角处种上"大树"，天花板处悬挂各种植物类吊饰。

二、文化墙创设流程与案例

（一）文化墙创设的基本流程

1. 分析班级文化

班级文化是一个班级的灵魂，它包含了丰富的内容和层次。首先是班级价值观，这是班级文化的核心，代表班级的精神面貌和共同追求的目标。其次是班级公约，是班级制度文化的重要组成部分，是由班级成员共同讨论协商制定的"立法"过程。最后是班级活动方式，体现班级成员之间包括教师与幼儿、幼儿与幼儿之间相互交流、合作的方式。

2. 按照墙饰创设的五个结构要素设计和制作文化墙

（1）标题。

文化墙标题是呼应班级文化的，可以采用精练的文字配图的形式，如图5-4-2所示某大班的班牌。

（2）版块和留白。

文化墙的版块设计常采用组合彰显某一文化的几组分散的单一版块的墙饰或吊饰的形式，如体现阅读文化的文化墙（见图5-4-3）。由于文化墙具有背景的作用，文化墙的留白设计常常被省略。

图5-4-2　某大班的班牌

图5-4-3　体现阅读文化的文化墙

（3）形象和工艺。

文化墙的艺术形象与写实性较强的主题墙和常规墙相比，文化墙的写意性更明显，往往忽略艺术形象的外在逼真性，而强调其内在精神实质的表现。如用大量的绿色表达春天的生机盎然，用红色表达节日的热烈气氛。同时文化墙的艺术形象要满足幼儿特定的审美需求。一般来讲，幼儿的审美品味具有自然纯真、感性直观的特点。他们的审美往往偏向于简单、直接和自然。他们喜欢鲜艳的颜色、清晰的形状和有趣的图案。

文化墙的工艺设计中，应考虑比例和尺度、材料和质感等美学元素的安排能够营造出怎样的文化氛围，这些氛围应该给身处其中的幼儿带来怎样的一种感觉。不同的材质会营造不同的氛围，如木材质给人以自然、田园的感觉，玻璃材质给人以现代、科技的感觉。

3. 文化墙的投入使用与调整优化

文化墙和班级文化紧密结合，具有较强的稳定性，应在设计之初充分考虑，若非特殊情况一般不建议经常性调整和更换。

（二）文化墙创设案例

如图 5-4-4 所示是大班文化墙创设案例——"青花瓷"。

图 5-4-4　大班文化墙——"青花瓷"

1. 分析班级文化

根据所在幼儿园文化以"在国学浸润中成长"为主要特色，班级文化既要体现幼儿园文化，又应有自己的个性，故以"国学之美"作为自己的班级文化。

2. 按照墙饰创设的五个结构要素设计和制作文化墙

（1）标题。

标题呼应班级文化"国学之美"，以表意的形式体现出来。

（2）版块和留白。

版块设计由一组独具特色的青花瓷吊饰和一面青花瓷墙饰组成，留白部分设计为青花瓷吊饰的花纹，留白部分由幼儿进行装饰。

（3）形象和工艺。

主要形象借鉴了体现中华优秀传统文化的青花瓷，其风格与国学文化相吻合。墙饰工艺主要采用纸浮雕工艺，吊饰工艺主要采用环保材料。

3. 投入使用并评估调整

将作品悬挂于活动室内，用于营造班级文化的特定氛围。在使用的过程中我们发现还可以将青花瓷形象用于班牌设计或融入区域标牌的设计中，从而将"国学之美"

渗透在各处，并隐于无形之中。

三、文化墙创设作品欣赏

如图 5-4-5 所示是幼儿园文化墙作品图示。

图 5-4-5　幼儿园文化墙作品图示

> **课后作业**
>
> 以小组为单位，自选一个年龄班，打造一组具有班级特色的文化墙。

任务五 生活区环境创设

一、生活区环境创设基础知识

（一）生活区的定义

幼儿的教育应该生活化、游戏化、童趣化，生活是教育的源泉，教育根植于幼儿的日常生活中，所谓生活即教育，幼儿的教育内容应该取之于幼儿的生活。生活指人们为了生存和发展而进行的各种活动，一般包括衣、食、住、行等日常活动。生活区是幼儿园专门为幼儿设计创造的一个生活活动区域，用于模拟或还原真实的生活场景，通常包括物品整理区、饮水区、盥洗室、就餐区、睡眠区，有的幼儿园还设置有生活技能训练区等。

幼儿园生活区环境创设是指教育者根据幼儿身心发展的规律及需要，为幼儿创设的一个真实的、具有教育意义的区域。在生活区投放相关的生活材料，让幼儿学习基本的生活技能，并把环境因素转化为教育因素，让幼儿在生活情境中探索、操作，从而获得相关的生活技能。

（二）幼儿园生活区的价值

1. 培养幼儿的自理能力

生活区通过提供各种生活场景和材料，帮助幼儿学习日常生活中的基本技能。如在盥洗区，通过张贴洗手示意图，让幼儿学会正确的洗手方法；通过刷牙训练，让幼儿学会牙齿的清洁方法。在睡眠区，通过穿脱衣服、整理物品、自我服务等培养幼儿的生活自理能力，帮助幼儿提升自我照顾和服务能力，并将这些技能运用到现实生活中。

2. 培养良好的生活习惯、卫生习惯和规则意识

生活区环境分区有序、整洁、规范，有助于帮助幼儿建立良好的生活习惯和规则意识，在这样的环境中，幼儿能够学会遵守规则、尊重他人和维护公共秩序。

3. 发展幼儿的粗大动作、精细动作和手眼协调能力

在生活区投放各种操作材料，让幼儿通过穿、脱、扣、夹、捏、系、编等基本操作发展粗大动作，让幼儿通过串、夹、抓、舀、捣等操作发展精细动作，同时锻炼手眼协调能力。

4. 增强解决问题的能力，学会互相合作

通过让幼儿尝试和使用不同的材料和方法完成任务，可以增强幼儿解决问题的能力，培养其逻辑思维能力和创造力。此外，通过与同伴的交流合作，可以使幼儿学会分享，并促进其社会性的发展。

（三）生活区的创设原则

生活区的环境创设，需要遵循以下几个原则。

1. 符合幼儿身心发展的规律

生活区的环境创设，要符合幼儿身心发展的规律，根据幼儿的身高、体重、动作发展等特点，设计适合他们使用的家具和设施。如提供适合幼儿身高的小桌子、小椅子，以及易于抓握的餐具和洗漱用品，以满足幼儿生活的实际需求，从而促进幼儿身心的全面发展。

2. 区域划分明确、功能性强，设计时兼具整体性

区域划分应明确，各区域应有较强的生活教育功能性，如个人物品整理区、喝水区、活动室、盥洗室、睡眠区等。各区域、各环节、各要素不仅要相互协调，在实现各区域功能的同时，还要形成统一的教育氛围。

3. 环境创设要体现秩序感，同时具有美观性、舒适性，增加温馨感

生活区每个区域环境的创设都应该体现秩序感，幼儿园通过标识与符号帮助幼儿建立秩序。同时具有美观性和舒适性，让幼儿体会到幼儿园中的生活也是充满温馨的，帮助幼儿快速适应幼儿园的生活，并且热爱幼儿园的生活。

二、生活区环境创设的具体方法

生活区的环境创设包括区域标牌、场景布置、材料投放、墙面提示、整理标记五个要素。

（一）区域标牌

区域标牌是一个引导，可以帮助幼儿识别和定义区域位置、大致了解区域活动的内容，对区域活动的内容充满兴趣，其目的在于方便幼儿根据自身的爱好选择相应的区域进行操作学习。但生活区一般没有明确的进区标牌，因为生活区的场景布置具有超强的辨识度，幼儿通过生活区的场景布置就能明白各区域的功能。

（二）场景布置

1. 物品整理区

物品整理区（见图 5-5-1）主要用于存放幼儿的个人物品，如书包、衣服、鞋子等，并设置有晨检牌插放区（见图 5-5-2）便于教师掌握幼儿的晨检情况。该区域一般设置在活动室外墙或刚进入活动室的门口处。幼儿在进入班级时，需要先存放并整理好自己的个人用品，以便幼儿养成良好的生活习惯。

图 5-5-1　物品整理区

图 5-5-2　晨检牌插放区

2. 饮水区

由于幼儿活泼好动、活动量大、出汗多，为保证幼儿的日常饮水量，教师应引导幼儿养成良好的饮水习惯，并且让幼儿养成喝白开水的习惯。因此，在饮水区应注意以下几点：（1）在活动室适当位置设置饮水设备和水杯专用架（见图 5-5-3）；（2）为幼儿提供符合国家卫生标准的安全饮用水，水温不宜太高或太低，便于幼儿随时取用；

（3）幼儿水杯应专人专用，为了便于幼儿找到自己的水杯，在环境创设时可根据幼儿的年龄特点来做标识，如小班用照片做标识、中班用数字做标识、大班用名字做标识。

3. 盥洗室

盥洗室是培养幼儿爱清洁、讲卫生的地方。盥洗室的环境创设要注意以下几点：（1）洗手台、毛巾架、牙刷杯架要符合幼儿的身高，为避免妨碍幼儿通行，应该将其靠墙设置；（2）水龙头的数量要充足，洗手台要放置肥皂或洗手液，方便幼儿使用；（3）水槽边缘应做成圆角，地面应铺设防滑地垫；（4）洗手台上应设置与幼儿身高相匹配的镜子，便于幼儿整理自己的仪容仪表；（5）墙面应张贴洗手顺序示意图，引导幼儿掌握正确的洗手方法，帮助幼儿从小养成良好的卫生习惯。

图 5-5-3　饮水设备和水杯专用架

4. 就餐区

为幼儿创设一个舒适愉快的用餐环境是非常重要的，通过合理膳食、舒适就餐、餐具应手、环境整洁卫生等给幼儿创设一个良好的用餐环境。就餐区的环境创设要注意以下几点：（1）幼儿用餐可选择增进食欲的原木色或暖色系的桌椅（见图 5-5-4）；（2）科学配置幼儿膳食，营养均衡、品种多样、搭配合理，为幼儿提供充足的营养；（3）为了激发幼儿的食欲，在环境创设时，墙面可配置每周食谱图，并张贴文明进餐正确进餐的示意图（见图 5-5-5），帮助幼儿养成良好的进餐习惯；（4）餐具应选择健康环保、方便实用、安全易清洁、大小适宜的素色餐具。

图 5-5-4　用餐环境

图 5-5-5　文明进餐正确进餐示意图

5. 睡眠区

睡眠区（见图 5-5-6）是为幼儿提供的一个安静、通风良好、整洁卫生、舒适的睡眠空间，以保证幼儿有良好充足的睡眠。因此，睡眠区的环境创设应注意以下几点：（1）通风良好，空气流通，睡眠区最好朝南，并配备空调及紫外线消毒灯，为了安全起见，紫外线消毒灯的开关应设置在幼儿触碰不到的地方；（2）应配置遮光窗帘，墙面设计素雅，整个氛围应温馨，以帮助幼儿快速地进入睡眠状态，如图 5-5-7 所示；（3）墙面上张贴睡眠步骤、整理示意图（见图 5-5-8）等，培养幼儿良好的睡眠习惯、自我服务意识和自理能力。

图 5-5-6　睡眠区

模块五 | 墙饰与区角

图 5-5-7 睡眠区墙面创设

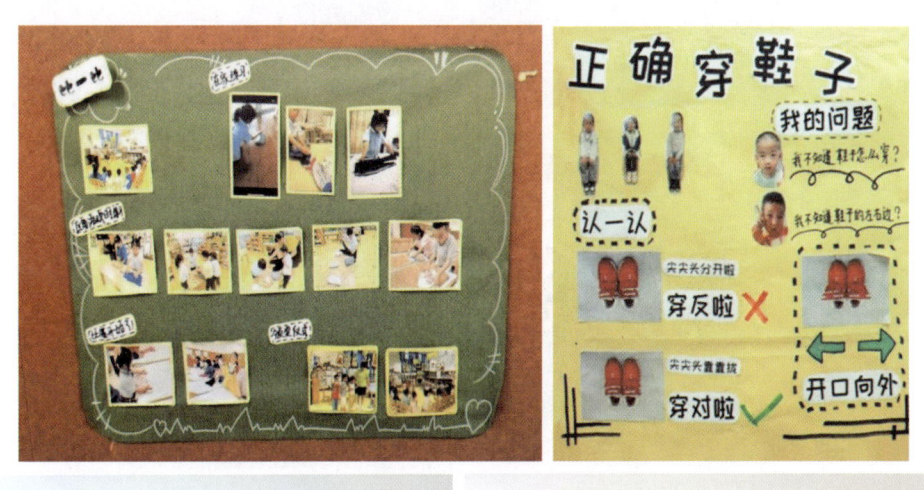

图 5-5-8 睡眠步骤、整理示意

.111.

6. 生活技能训练区

大多数幼儿在入园之初，普遍生活自理能力都比较差。由于家长对幼儿无微不至的照顾，在一定程度上影响了幼儿的独立能力。生活技能训练区主要以训练幼儿的各种生活技能为目的，兼具游戏功能。因此，生活技能训练区的环境创设应注意以下几点：（1）生活区作为日常生活的缩影，在环境创设时内容应取自幼儿生活，服务于幼儿生活，如进餐、盥洗、睡觉、如厕、环境整理（擦桌子、扫地、玩具收纳、照顾动植物）等；（2）重视现实的材料，应提供真实的、生活中的材料供幼儿操作，模拟真实的生活场景，有一定的图示，与幼儿的现实生活紧密相连；（3）提供的材料具有一定的操作性，如扣纽扣、系鞋带的训练品（见图5-5-9），牙齿模具、牙刷等。

图 5-5-9 扣纽扣、系鞋带的训练品

（三）材料投放

生活区的材料投放需要注意以下几点。

1. 投放的材料要结合具体生活场景，具有真实性、多样性

教师除可以收集大量的生活中的玩具、真实的工具外，还可以投放一些自然材料、废弃物品或制作一些玩教具让生活区充满多样性。

2. 投放的材料应具有层次性

每个年龄阶段幼儿的认知水平、经验和能力都不同，幼儿本身也有一定的个体差异，教师在投放材料时要根据《3—6岁儿童学习与发展指南》中幼儿大班、中班、小班的发展水平有区别地进行投放，以满足不同年龄阶段幼儿的需求，同时尊重幼儿的个体差异。

3. 投放的材料要具有一定的动态性

投放的材料（见表5-5-1）不能一成不变，要根据教育的目标和幼儿的发展需求定期或不定期地进行调整、补充。一成不变的材料与长期不变的生活区场景容易让幼儿失去兴趣、产生疲劳。教师观察到幼儿对生活技能训练区原有投放的材料不感兴趣时，就应及时投放新的材料。

表5-5-1　生活区的材料投放

区域名称	材料投放
物品整理区	书包架、鞋柜、衣柜等
饮水区	水杯、饮水机、水杯架等
盥洗室	挂钩、毛巾、毛巾架、牙膏、牙刷、杯子、洗手液、肥皂、纸巾、洗手示意图、如厕流程示意图等
就餐区	桌椅、餐具、勺子、筷子、砧板、打蛋器、擀面杖、菜板、果蔬机、烤箱、围裙、食谱图、用餐流程示意图等
睡眠区	床具、被子、床单、衣裤穿脱示意图、整理示意图等
生活技能训练区	豆子、花生、纽扣、石子、弹珠、勺子、筷子、袜子、手套、鞋子、小衣服、穿脱扣示意图等

（四）墙面提示

生活区的墙面提示应该根据幼儿的年龄特点，从幼儿的实际生活需求出发，如张贴七步洗手法（见图5-5-10）、喝水提示（见图5-5-11）、睡觉流程（见图5-5-12）、起床流程（见图5-5-13）、穿衣及整理提示（见图5-5-14）、叠被子提示（见图5-5-15）等示意图。生活区墙面提示也应传递教育理念，再现各种生活场景，以景育人、以境教人，在无声中教会幼儿各种生活小技能。

（五）整理标记

1. 分类整理，相关材料摆放在一起

生活区材料相对零散，因此要有方便取放的工具区，最好分类整理归纳，使用盘子或塑料筐（见图5-5-16）盛放练习的材料，贴上图示，方便幼儿自主选择，养成良

好的区域活动习惯。

图 5-5-10　七步洗手法

图 5-5-11　喝水提示

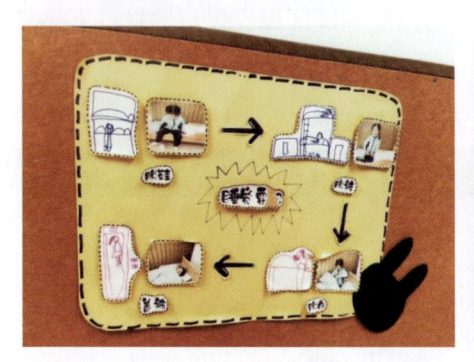

图 5-5-12　睡觉流程

图 5-5-13　起床流程

图 5-5-14　穿衣及整理提示

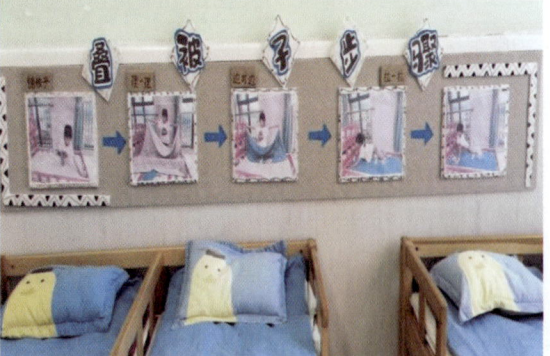

图 5-5-15　叠被子提示

图 5-5-16　材料区

2. 高低合适的置物柜

设置适合不同年龄段幼儿的置物柜（见图 5-5-17）、托盘有序摆放，置物柜靠墙安放，以免发生安全事故。

图 5-5-17　置物柜

3. 标识要清楚明了

所有材料的标识要清晰，充分考虑幼儿的年龄特点，根据幼儿的年龄和认知特点制作标签（见图 5-5-18），便于幼儿直观辨认。生活区的材料琐碎且繁杂，清晰的标识便于整理和收拾，在收拾整理的过程中还可以锻炼幼儿归纳整理的能力。

图 5-5-18　清晰的标识

三、生活区环境创设作品欣赏

如图 5-5-19 所示是生活区环境创设作品展示。

图 5-5-19　生活区环境创设作品展示

图 5-5-19　生活区环境创设作品展示（续）

任务六　体育区环境创设

一、体育区环境创设基础知识

（一）体育区的定义

体育通常指通过有规律的身体活动来增强体质、促进健康、培养品德、提高运动技能的一种活动。体育区是一个专门用于体育活动和锻炼的区域，被划分为特定的空间，以满足不同运动项目的需求，并提供相应的设施和服务。幼儿园体育区是指根据幼儿身心发展的特点、兴趣爱好及教育目标，在幼儿园精心设计和布置的一个安全、丰富、有趣且能促进幼儿全面发展的体育活动环境。

（二）幼儿园体育区的价值

1. 促进幼儿身体素质的发展

体育活动是优化身体体格和体能的重要手段。幼儿时期，身体的成长正处于发展的旺盛期，有目的性的、科学的运动，不但能强化机体的功能，促使骨骼、肌肉、身体机能得以快速成熟，形成正确的身体姿势，增强体质，提高适应环境的能力和自我保护的能力，同时对神经系统的完善和发展也起着重要的作用。体育活动在发展幼儿的走、跑、跳跃、投掷、钻爬、平衡、攀登等基本动作的同时，还能提高幼儿的速度、耐力、灵敏、协调和柔韧等身体素质的训练，促进幼儿智力发展、锻炼意志，强健幼儿体魄。

2. 促进幼儿心理素质的发展

体育区环境创设及活动的开展，有助于增强幼儿自信心和自我认同感。幼儿通过运动，安全感、认知需求、焦虑感、交往需求、情绪控制等方面都能得以较好地平衡、宣泄与发展。体育活动中成功的体验，有助于幼儿形成积极体验，如快乐、自信和成就感。运动还能让人心情开朗、精神振奋，有助于缓解幼儿生活及学习中的压力，保持心理健康。

3. 促进幼儿社会性的发展

体育活动往往需要团队合作才能完成，这有助于培养幼儿的合作精神和团队意识。在体育活动中，幼儿与同伴的交流、协作，有助于提高其社会技能，学会尊重他人、分享和互助。另外，体育游戏本身有规则的要求，幼儿在游戏中需要遵守规则，有助于培养幼儿的规则意识和遵规守纪的行为习惯。

（三）体育区的创设原则

体育区的环境创设，需要遵循以下几个原则。

1. 安全性原则

体育区的安全性是首要原则，必须确保所有设施、器材和场地都符合安全标准，避免任何可能导致幼儿受伤的因素。如场地地面应平整、设施进行圆角处理，器材大小适中，避免尖锐边角；投掷区选择质地柔软、富有弹性的器材；在攀爬区地面铺设保护材料等。

2. 遵循幼儿年龄发展的特点

体育区的创设应尊重幼儿不同年龄层次、能力层次的发展需求。在设施与器材的设计上体现年龄特点和难度递进，如为小班幼儿提供滑梯和秋千，为中大班幼儿提供具有挑战性的攀爬架和平衡木。

3. 根据发展需求创设不同的主题活动

根据幼儿不同的年龄段发展需求，创设不同的体育区活动。小班主要是培养幼儿走、跑、跳、爬等基本动作的协调性和灵活性，体验运动的快乐。教师可以开展小兔子采蘑菇、小动物赛跑等体育活动。中班幼儿在基本动作基础上，需提升幼儿的跳跃、翻滚、投掷等技能，培养团队合作精神，可开展小青蛙跳跳、飞盘游戏活动等。大班幼儿需全面提升身体素质，包括力量、速度、耐力等，可开展接力赛、障碍赛跑、跳绳等活动。

4. 动态发展变化的原则

多变有趣的体育内容是幼儿参与体育活动的动力源泉，教师要深入了解幼儿不同阶段的兴趣点，遵循动态发展变化的原则。如定期投放不同的材料、创设不同的体育活动、定期更新和更换体育器材，以使幼儿保持新鲜感和探索欲。

二、体育区环境创设的具体方法

体育区的环境创设包括：区域标牌、场景布置、材料投放、墙面提示、整理标记五个要素。

（一）区域标牌

体育区一般没有明确的进区标牌，因为体育区的场景布置、材料投放都具有较高的辨识度，幼儿通过场景布置就能识别体育区。

（二）场景布置

为了满足幼儿运动的需要，体育区需要创设较大的活动空间，场地可以设置在宽敞的室内或有较大空间的走廊、露台、天台、户外、操场等，教师应根据幼儿园的场地大小和形状进行合理布局，并根据场地空间的大小投放相应的运动器材，确保每个区域都能得到充分地利用。

在开展体育区活动前，教师要根据身体动作技能要求和活动材料的性质，把户外活动场地划分为若干小的活动区域。室内活动场地可以根据目标来设置不同的区域，如投掷区、跑跳区、钻爬区等，或者根据材料来设置区域，如球类区、纸盒区、木质器械区、布质器械区等。

体育区的安全工作最为重要，场地规划要合理，避免运动过程中相互干扰和碰撞，教师要定期做好检查和维护工作。如在户外攀爬区应该铺设柔软的草地、沙地或保护地垫等。进区前，教师应教会幼儿常见的安全知识，讲清楚规则，增强幼儿的自我保护意识。幼儿在运动中要注意观察幼儿的体能表现，适时合理地提醒幼儿调整运动量。各活动区域要有明显的标志及活动范围，便于幼儿选择运动区域；区域内的标识要图文并茂地呈现，便于幼儿理解该体育区的游戏名称、玩法及注意事项。要注意观察幼儿的活动安全情况、材料提供与动作技能，给予一定的支持与帮助，同时督促幼儿遵守游戏规则，在游戏结束后将各类体育器械归位，以便其养成良好的整理习惯。

设置体育区时，还应注意以下问题。

（1）各体育区的活动内容及性质要搭配合理，既要有适合运动量较大的活动区域，又要有适合运动量较小的活动区域；既要有练习基本动作的活动区域，又要有发展综合运动素质的活动区域（见图5-6-1）。

（2）体育区的数量及区域空间的设置应根据活动场地的大小灵活安排，若活动场地不大，可以考虑将活动性质相近的区域合并，设置综合性的运动器械区域。

图5-6-1　综合运动活动区

（三）材料投放

在区域活动中，活动环境和材料是活动的重要组成部分，只有在与环境和材料的相互作用中幼儿才会获得经验和知识，体育区材料投放（见表5-6-1）要注意以下几点。

1. 安全性

在区域材料的选择和投放上，安全性应是第一位的。教师为幼儿提供活动材料时，应选择无毒、无味，对幼儿无伤害隐患的材料。制作前应对材料进行彻底的清洁消毒。材料使用过程中也要注意定期清洁，以保证材料的安全性。

2. 活动领域

要根据幼儿的发展需要投放不同的材料。如练习走的活动材料包括蛇形弯道、平衡木、荡桥、梅花桩等。另外，还可以自制一些游戏材料进行走的练习，如不同口径的饮料桶、纸盒等。练习跑的场地要宽敞，游戏材料有接力棒、大龙球、皮球及各种大小不同的障碍物等。练习跳的材料包括皮筋、大绳、小绳、跳袋等。练习投掷的材料包括篮球、飞碟、套圈、飞镖、毛线球等。钻爬区材料包括拱形门、圈、彩虹伞、纸盒、编织网、小桥洞、时光隧道等。练习平衡的区角材料包括绳子、平衡木、平衡板、秋千、轮胎、树桩、梯子等。

3. 探索性

材料的探索性能引发幼儿动手动脑，支持幼儿与活动环境积极地互动，引导幼儿根据自己的兴趣爱好对客观事物进行动手操作和动脑思考。所以，投放材料时应考虑材料能否支持幼儿动手动脑、积极探索。

4. 因地制宜，有效利用活动区域

材料投放要因地制宜，有效利用活动区域。场地选择在户外时，必须要有较科学的理论依据来进行区域的划分，要给予幼儿更多自主发展的机会。要根据幼儿园的实际情况，充分利用园内的自然环境，因地制宜、合理规划、创设区域，如攀爬跑跳区可以设置在户外走廊（见图5-6-2）或墙面（见图5-6-3）；利用场地周围小路，开设打怪兽、套圈等游戏，进行投掷等动作练习。只有因地制宜合理规划空间，才能发挥区域最大优势，让幼儿更加积极愉快地投入到活动中去。

图 5-6-2 户外走廊活动区　　图 5-6-3 墙面攀爬区

表 5-6-1 体育区材料投放

区域名称	材料投放
走	蛇形弯道、平衡木、荡桥、梅花桩、方砖、绳子、纸盒等
跑	接力棒、大龙球、风火轮、球类、轮胎、沙包（见图5-6-4）、滚筒、纸箱、各种大小障碍物等
跳	跳袋、跨栏、跳跳床（见图5-6-5）、跳绳（见图5-6-6）、跳板、跳箱、皮筋、辅助材料（毛绒玩具、泡沫板、平衡板）等
投掷	皮球和篮球（见图5-6-7）、飞镖、飞碟、飞盘、套圈（见图5-6-8）、投壶（见图5-6-9）、纸飞机、水气球、毛线球、投掷吸盘等
攀登	攀登架、攀登绳索梯（见图5-6-10）、山坡、吊绳、攀登墙等
钻爬	彩虹隧道（见图5-6-11）、小山洞、小桥洞、拱形门、圆形门、圈、大桶、迷宫、竹竿、绳子、纸箱、编织网、垫子、石子路等
平衡	平衡车（见图5-6-12）、梯子、绳子、平衡板、跷跷板、跳跳板、跳跳球、轮胎、木桩、秋千、摇摇马（见图5-6-13）等

图 5-6-4　沙包 　　　　　　　图 5-6-5　跳跳床 　　　　　　图 5-6-6　跳绳

图 5-6-7　皮球和篮球 　　　　图 5-6-8　套圈 　　　　　　　图 5-6-9　投壶

图 5-6-10　攀登绳索梯 　　　　　　　　　图 5-6-11　彩虹隧道

图 5-6-12　平衡车　　　　　　　　　　图 5-6-13　摇摇马

（四）墙面提示

体育区的墙面提示应当具有激励性，还应包含安全提示、健康教育、规则说明及爱护体育设施等方面的提示。

1. 安全提示

设施使用安全提示——强调正确使用体育器材的重要性，避免因操作不当导致的伤害。运动安全提示——注意运动前后的热身和拉伸，防止运动损伤。个人安全提示——根据自身健康状况合理安排运动。

2. 健康教育

传达运动对于幼儿身体健康发展的积极影响，鼓励幼儿多运动，传递持之以恒坚持锻炼的重要性。

3. 规则说明

简要说明体育区的使用规则，如"轮流使用教材""保持场地整洁"等，帮助幼儿养成良好的运动习惯。

4. 爱护体育设施

通过爱护体育设施的标语帮助幼儿树立自信心，引导幼儿自觉遵守规定，共同维护良好秩序，爱护体育器材设备等。

（五）整理标记

1. 分类整理，相同材料放在一起

相同材料放在一起，方便幼儿定位区域，取用体育器材，开展不同的活动（见图 5-6-14～图 5-6-16）。

图 5-6-14　三轮车区

图 5-6-15　跷跷板区　　　　图 5-6-16　综合训练体育器材区

2. 收纳方式多样，便于分类整理

体育区的材料数量众多、材质多样，材料的体积大小不一，收纳方式多样，应设置收纳架（见图 5-6-17）摆放体积较大的器材，同时收纳架上可以根据需要摆放收纳筐用于整理同类型或零散的材料。

图 5-6-17　分类收纳

三、体育区环境创设作品欣赏

如图 5-6-18 所示是体育区环境创设作品展示。

图 5-6-18　体育区环境创设作品展示

任务七 语言区环境创设

一、语言区环境创设基础知识

（一）语言区的定义

语言是人类社会约定俗成的一种符号系统，用于人们之间的交流和沟通。学前阶段是幼儿语言发展的关键期，语言区是幼儿园常规的活动区域之一，是教师通过语言游戏材料、绘本等的投放，引导幼儿通过早期阅读、语言游戏活动等促进幼儿语言能力发展的重要区域。

（二）幼儿园语言区的价值

1. 促进语言能力的发展

语言区为幼儿提供丰富的语言环境和语言交流的机会，通过阅读、讲故事、听说游戏等活动，促进幼儿语言理解和表达能力的发展。

2. 促进思维能力的培养

在语言交流的过程中，幼儿通过组织语言来表达自己的所思所想，有助于提升其逻辑思维能力和创造性思维能力。

3. 促进社会交往技能的提高

语言交流是社交互动的基础，通过与同伴和老师对话，幼儿能够学会倾听、回应、协商和合作，有助于其社会交往能力的提高。

（三）语言区的创设原则

1. 尊重幼儿个体发展特点

语言区的创设要充分考虑幼儿的年龄特点和个体差异，提供符合不同发展阶段的语言活动材料。如为小班幼儿提供色彩鲜艳、造型生动和耐撕的阅读材料，投放以听和读为主的材料；为中班幼儿适当增加说和写的空间，投放丰富多彩的图画绘本，减少毛绒玩具的数量；为大班幼儿提供更多的操作空间，如写名字、记故事等。

2. 动静分区，互不干扰

语言区有听说读写多种功能，因此应尽量将功能相似的区中区设置在一起，同时远离表演区、角色区等相对较吵闹的区域，以便幼儿专注于活动之中。

3. 动态发展变化

随着幼儿身心的发展，听说读写的能力也会不断发展，教师需要根据幼儿兴趣的变化，定期调整和更新材料，以支持幼儿语言能力的发展。

二、语言区环境创设的具体方法

语言区的环境创设包括区域标牌、场景布置、材料投放、墙面提示、整理标记五个要素。

（一）区域标牌

区域标牌可以提示幼儿语言区的功能，同时能结合语言区的内容美化环境，凸显区域特色。区域标牌可以悬挂在天花板上，也可以摆放在区域门口。在设计上除了可以呈现"语言区"三个字，还可以呈现区域规则。如图 5-7-1 所示是语言区标牌图示。

图 5-7-1　语言区标牌图示

图 5-7-1　语言区标牌图示（续）

（二）场景布置

语言区整体可分为阅读区与语言游戏区。如图 5-7-2 所示是语言区场景布置图示。如下所述是布置要求。

（1）尽量靠窗，避免阳光直射，保证幼儿在阅读时有充足的光线。

（2）周围相对安静，营造静谧的阅读环境。

（3）摆放小沙发、桌椅、地垫、靠枕、小帐篷等家具，营造轻松舒适的阅读环境。

（4）通过立式书柜、多层书架、书框等多种形式展示图书，提高幼儿的阅读兴趣。

图 5-7-2　语言区场景布置图示

（三）材料投放

语言区的材料投放主要以绘本为主，除此之外可以投放语言游戏的相关材料，如"听说游戏""认读游戏"等，以促进幼儿语言表达能力的发展，提高幼儿的认读兴趣。

1. 绘本

根据不同年龄班幼儿的认知、情感、语言和社交发展特点投放绘本。

小班幼儿的阅读特点主要表现为对内容短小、情节简单、形象鲜明且色彩鲜艳的绘本有浓厚兴趣。他们喜欢通过模仿语言和动作来体验绘本内容。因此，内容简短、易理解，一次性能看完的绘本适合小班幼儿。这类绘本因形象鲜明、画风形象可爱、色彩鲜艳明亮、版面大而精美，更容易吸引他们的视觉注意。此外，绘本中生动、形象的文学词汇和语句，以及多动作性和反复性的语句，也便于幼儿模仿和学习。如《好饿的毛毛虫》《小蓝和小黄》《谁的尾巴》《我喜欢我的小毯子》《大卫上学去》《拔呀拔呀拔萝卜》等。

中班幼儿处于情感发展的重要阶段，能初步想象和推测绘本内容的情节发展，对绘本中的情感表达和人物性格描绘有较大兴趣。他们还会从角色、情节、色彩、绘画技巧等不同角度关注绘本，并与同伴展开简单讨论。因此，中班幼儿适合阅读突出表现人物情感和心情、性格描绘鲜明生动、易引发幼儿情感共鸣的绘本。此外，绘本还应包含一定的情节发展和推测元素，以激发幼儿的想象力和推测能力。如《咕咚》《小狐狸的第一个冬天》《大卫惹麻烦》《夜黑黑》等。

大班幼儿处于性格形成的重要阶段，他们喜欢根据绘本内容展开奇思妙想，期待绘本出其不意的情节发展，并乐于与同伴或成人探讨绘本内容。因此，适合阅读具有一定的思维逻辑训练功能，以引导幼儿进行深入思考和探索的绘本。幼儿园可提供不同类型、不同主题的，且与生活连接紧密，帮助幼儿积累生活常识、培养健康生活习惯的绘本。如探险类、生活类、情感类等，以丰富幼儿的文化储备。如《失落的一角》《小猪变形记》《我不知道我是谁》《没有耳朵的兔子》等。

2. 语言游戏材料

操作讲述类：投放拼图、图卡、背景图等，以故事盒子的形式投放在语言区（见图 5-7-3），以锻炼幼儿的语言表达能力。

图 5-7-3　故事盒子图示

图 5-7-3　故事盒子图示（续）

桌面表演类：投放手偶、指偶（见图 5-7-4）、头饰等，幼儿自编自演，通过表演，促进幼儿表现能力和创造能力的提高。

制作创编类：投放录音笔、剪刀、胶棒、记录表、小舞台等材料，如图 5-7-5 所示是制作创编类语言游戏材料示例，可以通过"图书医院""小编辑""新闻快播""小小辩论赛"等活动让幼儿在说说、剪剪、贴贴中不断提高语言表达能力、语言理解能力和思维能力。

图 5-7-4　指偶

图 5-7-5　制作创编类语言游戏材料示例

（四）墙面提示

如图 5-7-6 所示是阅读墙墙面提示示例，可以包括以下内容。

（1）展示进区规则，帮助幼儿养成良好的阅读习惯。

（2）张贴图书修补方法、流程，帮助幼儿养成爱护图书的好习惯，提高动手能力。

（3）展示图书简介、活动照片、阅读之星评比栏等个性化内容。

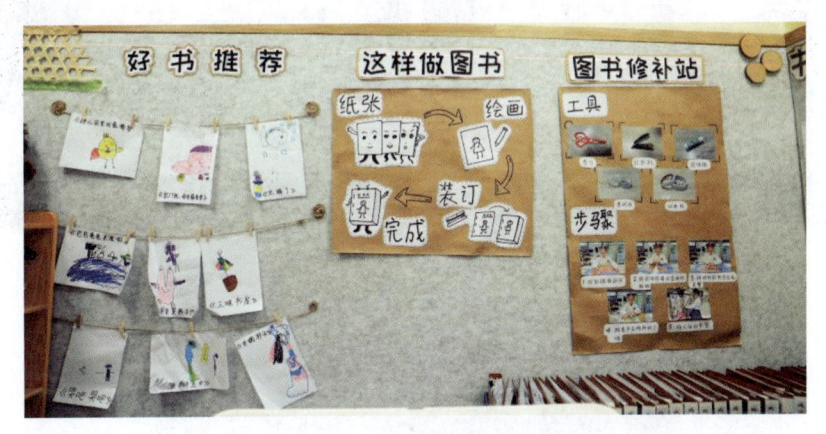

图 5-7-6　阅读墙墙面提示示例

（五）整理标记

如图 5-7-7 所示是语言区整理标记示例，可以包括以下内容。

（1）图书标签：为每本书贴上标签，以方便幼儿快速找到自己想要的书。

（2）书架分区标识：将书架分成不同的区域，如"故事书""科普读物""绘本"等，并用标签标识。

（3）物品存放标识：为文具盒、画笔筒等常用物品贴上标签，以便幼儿养成归还物品的习惯。

图 5-7-7　语言区整理标记示例

三、语言区环境创设作品欣赏

如图 5-7-8 所示是语言区环境创设作品示例。

图 5-7-8　语言区环境创设作品示例

任务八　角色区环境创设

一、角色区环境创设基础知识

（一）角色区的定义

角色是指在某一特定环境或情境下，个体或集体所扮演的具有特定职责、身份和行为模式的角色。这个角色可以是虚构的，如小说、电影中的角色；也可以是现实的，如工作中的职位角色。角色定义了人们的行为规范、职责范围及与他人的关系，是理解社会结构和个体行为的重要概念。

角色具有多样性，也是社会复杂性的体现。在一个社会中，存在各种各样的角色，如教师、医生、警察等。每个角色都有其独特的职责、权利和义务，同时受到其他角色的制约和影响。这种相互制约和影响构成了社会关系的网络，使得社会能够有序运转。

幼儿在游戏中喜欢模仿和扮演各种角色，如医生、警察、厨师等职业角色，爸爸、妈妈等家庭成员角色。幼儿进行角色扮演时，可以给予一定的指导，使其遵循一定的行为规范，以使其了解相应的角色。

幼儿园角色区是区角活动中种类最丰富的区域，是供幼儿扮演生活中常见社会角色、理解世界和人际关系的区域。常见的角色区主题有：娃娃家、医院、各种餐馆等。

（二）幼儿园角色区的价值

1. 促进幼儿情绪管理能力与情感表达能力的发展

幼儿园角色区的价值在于它为幼儿提供了一个模拟的社会环境，可以让幼儿通过扮演不同的角色来体验不同角色的情感。幼儿在角色区的游戏中可能会遇到各种类型的"挑战"和"冲突"，如顾客的不满、角色的矛盾等。这些情境促使幼儿学习如何以适当的方式表达自己的感受和需求，如何控制自己的情绪，如何建立积极情感、调整消极情绪，从而培养他们的情感智力。

2. 促进幼儿社会性的发展

角色扮演有助于幼儿在角色区游戏中，通过扮演不同角色，模仿成人的行为，理解社会角色和职责；角色扮演还能增强幼儿的自我认知，加深对自己及周围世界的认识，理解社会规则和人际关系，帮助幼儿在互动中学习如何与他人合作，培养团队合作精神，提高社会交往能力。

3. 促进幼儿想象力与创造力的发展

在游戏中，幼儿通过想象所扮演角色的语言、动作，创造新的游戏场景和故事情节，有助于培养他们的创新思维和创造力。

（三）角色区的创设原则

1. 遵循幼儿的年龄特点

角色区的创设应考虑幼儿的年龄阶段特征与幼儿现阶段的发展水平。小班角色区的游戏内容应以围绕幼儿熟悉的生活经验为主，如娃娃家里照顾宝宝、做饭游戏等；中班角色区的游戏应注重锻炼幼儿的社会交往能力，可选择互动频繁的游戏主题，如餐馆类游戏、医院游戏等；大班的角色区创设需考虑进一步锻炼幼儿的社会性发展，尤其是可以突出对游戏过程中出现的困难和矛盾冲突的解决，注重锻炼幼儿的团队合作能力与解决问题的能力。

2. 动态发展变化

（1）材料的投放与主题内容相关联。

角色区材料的投放直接决定幼儿在区角中对材料的选择和游戏内容。教师应以游戏主题的设定为依据，投放合适的材料。此外，教师应考虑幼儿在角色区游戏过程中同伴互动频繁等因素，投放种类丰富、数量充足的材料。

（2）角色游戏是动态发展的。

随着游戏中游戏材料的损耗、幼儿游戏兴趣的变化，可能会出现幼儿对游戏材料有更多的需求，以及幼儿对教师设置的角色区不再感兴趣等情况。因此在游戏过程中，教师需要观察幼儿的游戏状态，不断调整游戏材料或游戏主题。

二、角色区环境创设的具体方法

角色区环境创设包括区域标牌、场景布置、材料投放、墙面提示、整理标记五个要素。本任务主要介绍娃娃家、医院、餐馆区角的环境创设。

（一）娃娃家

娃娃家是幼儿园小班班级常设的角色区。娃娃家重现了家庭生活场景，是幼儿非常熟悉的环境。在娃娃家中，幼儿可以玩"照顾宝宝""招待客人""打扫卫生""煮火锅""吃烤肉"等与家庭生活密切关联的游戏内容，是很多幼儿喜欢的区角游戏，也是小班班级室内经典的角色区。

1. 区域标牌

娃娃家的区域标牌没有统一的标准。由于娃娃家这一区域重现了家庭生活场景，通过区域的布置、投放的材料，幼儿能够一眼识别出游戏内容，所以有的幼儿园不设置区域标牌（见图 5-8-1）。

图 5-8-1 娃娃家区域示例

2. 场景布置

（1）重现家庭生活场景。

娃娃家的场景布置要求能够重现家庭生活，以使幼儿看到娃娃家就能回忆起熟悉的家庭环境，便于尽快进入游戏状态。

（2）以游戏区域的面积大小为基础。

娃娃家区角应根据可使用的区域面积来布置，若游戏区域的面积较大，则可将娃娃家分为两个子区域，客厅和卧室划分在一个分区，厨房和餐厅划分在一个分区（见图 5-8-2）。若游戏区域的面积较小，则可将各子区域统筹布置为整合型娃娃家（见图 5-8-3）。

图 5-8-2 分区型娃娃家

图 5-8-3 整合型娃娃家

（3）提供充分的操作空间，给幼儿游戏提供场地。

小班幼儿常在娃娃家区角中玩做饭、吃饭、照顾宝宝等游戏，需要提供一定的游戏空间以支持幼儿的操作、探索。

3. 材料投放

娃娃家的材料应围绕"照顾宝宝""做饭、吃饭""做家务""煮火锅""吃烤肉"等家庭生活类游戏来投放。同时，应结合区角的面积大小，围绕"家庭"这一大主题，根据可能发生的游戏内容来投放其他需要的材料。教师需要将家中常见的家具、物品与幼儿常用的玩法相结合，组合投放娃娃家的材料。如"照顾宝宝"主题游戏，可投放常见的家具与床上用品、玩偶、仿真食物、餐具与锅具等材料（见图 5-8-4）。这些熟悉的居家材料，可营造轻松愉快的游戏氛围，有利于幼儿展示出已有的生活经验。

（a）家具与床上用品　　　　　　　（b）玩偶

图 5-8-4 "照顾宝宝"主题游戏材料示例

（c）仿真食物　　　　　　　　　　　　　　　（d）餐具与锅具

图 5-8-4　"照顾宝宝"主题游戏材料示例（续）

娃娃家区角材料投放表见表 5-8-1。

表 5-8-1　娃娃家区角材料投放表

材料种类	材料投放
（仿真）烹饪锅具、餐具	灶台、烧水壶、高压锅、平底锅、电饭锅、烤箱、微波炉、电饭锅、饮水机、各种型号的碗、盘子、杯子、筷子、勺子、叉子等
其他工具	托盘、各种型号的木铲、砧板、儿童菜刀、围裙等
仿真食物	各类蔬菜（藕片、土豆片、煎蛋、青菜等）、各类水果（香蕉、苹果等）、其他食物（披萨等）、甜品（蛋糕等）
其他材料	地垫、绘本、帐篷、地毯、靠枕、枕头、被子、儿童卡通沙发、小木马、玩具电话、毛绒娃娃、仿真婴儿、行李箱、门帘、扫帚、拖布、洗衣机、洗澡盆、毛巾、吹风机、洗发水、沐浴露、适量衣物、晾衣架、婴儿车、奶粉、奶瓶、电视机、音响等
家具	小床、矮柜、书柜（书架）、木质方桌、圆桌及椅子、仿真台灯等

4. 墙面提示

（1）张贴幼儿与家人的合照，营造温馨、轻松的游戏氛围。

围绕"家庭"这一大主题，娃娃家的墙面可以张贴一些幼儿与家人的合照，通过照片的形式，记录幼儿与家人相处的难忘瞬间，帮助幼儿将生活经验迁移到游戏中，激发出更多的游戏灵感。

（2）以图片和少量文字介绍游戏规则、展示游戏经验。

可以用简单的图片或幼儿的绘画作品介绍游戏规则，总结幼儿的游戏经验（见图 5-8-5），如游戏中遇到的困难与收获等。

5. 整理标记

（1）选择适合幼儿身高的家具。

娃娃家角色区多为小班班级设置，因此需要选择适合小班幼儿身高的家具（如矮柜）（见图 5-8-6），以方便幼儿拿取材料与学习整理收纳材料。

（2）材料标识要清晰，便于幼儿取用和整理材料。

材料标识（见图 5-8-7）清晰便于幼儿识别、取用材料，同时可以帮助幼儿学习根据材料的不同属性进行分类整理与归纳。娃娃家角色区多设置在小班教室内，因此收纳筐上的材料标识多为实物的图片，以便幼儿对照图片进行收纳，防止错放。

图 5-8-5　展示游戏规则与游戏经验示例

图 5-8-6　矮柜

图 5-8-7　材料标识

娃娃家区角的环境创设作品示例如图 5-8-8 所示。

图 5-8-8　娃娃家区角的环境创设作品示例

图 5-8-8　娃娃家区角的环境创设作品示例（续）

（二）医院

医院是很多幼儿在现实中都会去的场所，有些幼儿害怕看病，但是喜欢玩医院主题的游戏。在游戏中，幼儿通过给病人（玩偶、其他幼儿）看病、打针，可以将自己对看病打针的恐惧表现出来。医院区角的环境创设基本可以参照现实生活中的医院。

1. 区域标牌

医院的区域标牌可以以"文字＋图形"的形式呈现，也可以只张贴红十字标志（见图 5-8-9）。

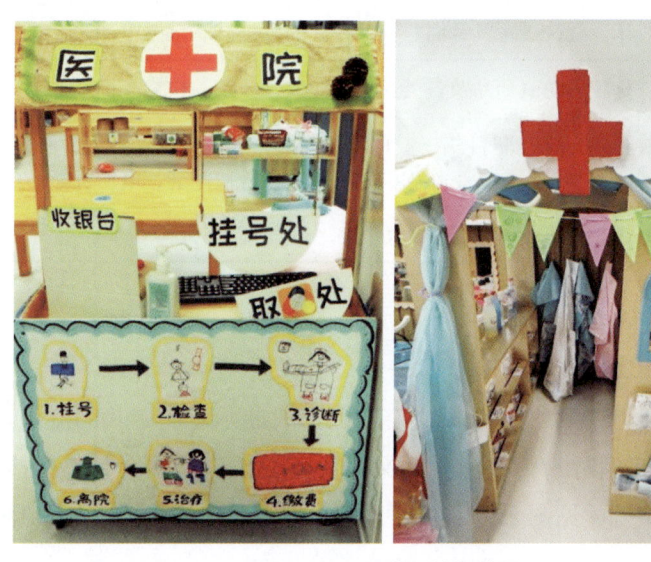

图 5-8-9　医院区域标牌图示

2. 场景布置

（1）根据游戏内容，有效划分并合理规划功能区。

医院区角可结合区角游戏面积大小，根据游戏内容的需要，布置出不同的功能区，如挂号处、缴费处、检查处、治疗室、取药处等。同时，需要注意不同功能区之间的联系与位置的关联性，应符合逻辑。如将"挂号处"设置在医院区角的门口，"缴费处"设置在"挂号处"旁边，"检查处""治疗室"设置在区角的内部，"取药处"是看病游戏的最后一步，应设置在医院区角的出口旁。

（2）提供充分的操作空间。

受游戏内容多样性的影响，医院区角内病床比较占游戏空间，各类药品、检查器材的种类、数量丰富，需要用多个收纳柜存放，因此需要提供一定的游戏空间以支持幼儿的操作、探索。

3. 材料投放

医院区角的材料应该按照不同功能区的游戏内容进行投放。医院区角材料投放表见表5-8-2。

表 5-8-2　医院区角材料投放表

功能区	材料投放
挂号处、缴费处	标牌、电脑、键盘、挂号单、缴费单、笔等
检查处	标牌、检查的各类器械、听诊器、免洗消毒液、纸巾、眼镜、压舌板、试管架与试管若干、仿真棉棒、视力表、身高尺等
治疗室	床、枕头、玩具针筒、输液杆、仿真娃娃、玩偶等
取药处	标牌、仿真药品及各类药品的包装盒、笔、口袋等
其他材料	托盘、带盖塑料瓶、塑料收纳筐、分隔收纳盒、剪刀、衣架、挂钩、白大褂、护士服、工作牌、防护套装、橡胶手套、电话机等
家具	矮柜、桌子、椅子、床等

4. 墙面提示

（1）展示医院区角看病游戏的流程。

医院区角的墙面上可以以"图画＋文字"的形式展示看病游戏的流程。幼儿绘制出医院每个功能区的典型行为，教师写上文字说明，制成流程图，包括挂号、检查、诊断、缴费、治疗、离院（见图5-8-10），便于幼儿熟悉医院区角的游戏流程。

（2）展示游戏经验。

医院区角的墙面上可以通过张贴幼儿的绘画作品来展示幼儿在游戏中获得的经验（见图5-8-11），如遇到的困难与收获等。

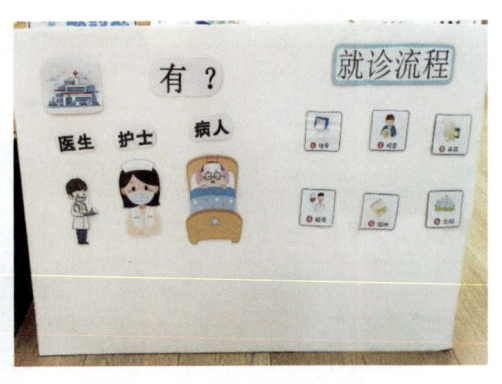

图 5-8-10　游戏流程图　　　　　　图 5-8-11　游戏经验展示示例

（3）介绍医院区角的角色分工与游戏规则。

可以通过简单的图案绘制出医生、护士、病人的角色分工（见图 5-8-12）。同时可以通过图画介绍医院区角的游戏规则（见图 5-8-13），以方便幼儿尽快熟悉游戏规则。

图 5-8-12　角色分工图示　　　　　　图 5-8-13　游戏规则图示

5. 整理标记

（1）医院区角中各功能区的标牌应放置在显眼处，以便幼儿定位游戏区域。

（2）应选择便于幼儿操作的家具。

根据医院游戏内容的需要，提供一些矮柜（见图 5-8-14）存放各类游戏材料，提供小床（见图 5-8-15）方便幼儿开展输液等游戏。

（3）多种收纳方式，以便幼儿分类整理。

医院区角的药品种类丰富，各类检查工具、游戏器材数量较多，可以投放一些托盘（见图 5-8-16），方便幼儿分类整理与收纳。

图 5-8-14 矮柜　　　　　　　　　　图 5-8-15 小床

图 5-8-16 托盘

（4）材料标识要清晰，便于幼儿取用和整理材料。

材料标识清晰可以方便幼儿识别、取用材料，同时可以帮助幼儿分类整理与归纳。应根据材料的不同属性用收纳筐、托盘进行分类收纳，收纳标识应为简单的图案，以便幼儿对照图案进行收纳，防止错放。

医院区角的环境创设作品示例如图 5-8-17 所示。

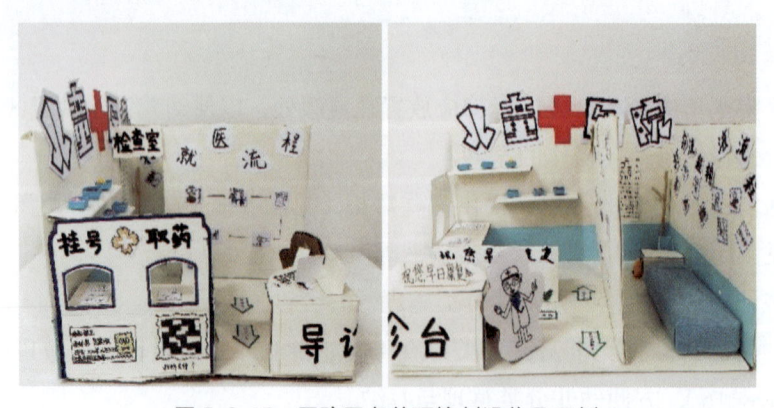

图 5-8-17 医院区角的环境创设作品示例

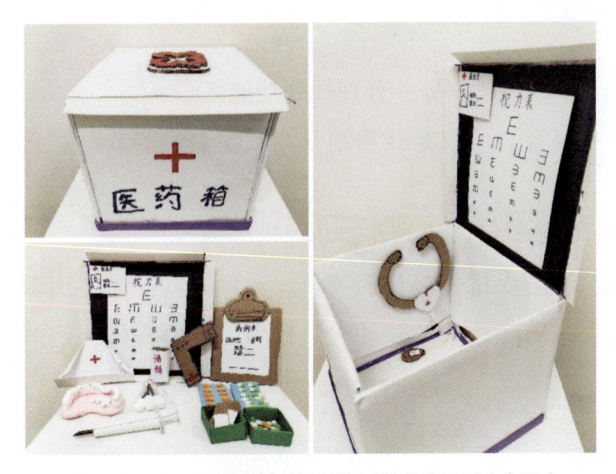

图 5-8-17 医院区角的环境创设作品示例（续）

（三）餐馆

在幼儿园中，餐馆区角主题游戏的内容比较丰富，常见的有中餐厅、甜品屋、火锅店、烧烤店等。这些场景在幼儿的日常生活中较为常见，是幼儿非常熟悉的。

1. 区域标牌

（1）采用"文字+图形"的形式。

餐馆区角的区域标牌可以以"文字+图形"（见图 5-8-18）的形式呈现。文字的四周贴上代表该游戏区域的典型标识，如用超轻黏土制成的美食，帮助幼儿准确识别区角的游戏主题。

（2）展示典型菜品，突出游戏主题。

餐馆区角的区域标牌也可以不使用文字，通过超轻黏土制作出区角的典型美食，突出游戏主题，同时可以张贴一些简单的图案作为装饰（见图 5-8-19）。

图 5-8-18 餐馆区角的区域标牌示例（文字+图形）

图 5-8-19 餐馆区角的区域标牌示例（美食图案）

2. 场景布置

（1）根据游戏内容，有效划分并合理规划功能区。

根据区角的游戏内容，可以将区角划分为收银台、器具区、食材区、就餐区等功能区。

（2）提供充分的操作空间，给幼儿游戏提供场地。

在餐馆区角内，各类食材、锅具的种类、数量丰富，需要用多个收纳柜存放，同时材料的操作性较强，幼儿之间的互动次数较多，需要提供一定的游戏空间以支持幼儿的操作、探索。

3. 材料投放

餐馆区角的材料，应按照不同的游戏主题、游戏内容进行投放。总体来讲，餐馆区角的通用材料包括：（仿真）锅具与餐具（见图5-8-20）、仿真食物（见图5-8-21）、饮料机（见图5-8-22）、收银台（见图5-8-23）等。根据具体游戏内容的不同，还需要投放一些细节化的材料。

图 5-8-20 （仿真）锅具与餐具

图 5-8-21 仿真食物

图 5-8-22 饮料机

图 5-8-23 收银台

常见的几种餐馆区角材料投放见表 5-8-3。

表 5-8-3　常见的几种餐馆区角材料投放

游戏主题	材料种类	材料投放
中餐厅	（仿真）锅具、餐具	灶台、烧水壶、高压锅、平底锅、砂锅、电饭锅、奶锅、电饼铛、烤箱、微波炉、电饭锅、饮水机、各种型号的碗、盘子、杯子、筷子、勺子、叉子等
	其他工具	托盘、各种型号的木铲、砧板、儿童菜刀等
	仿真食物	各类蔬菜（藕片、土豆片、青菜、茄子、西红柿、红萝卜等）、各类水果（香蕉、苹果等）、其他食物（披萨等）、甜品（蛋糕等）
	其他材料	蒸屉、托盘、竹筐、密封盒、密封袋、盆子、围裙、收银台招牌、菜单、电话机、电脑、键盘、笔、桌布、挂钩等
甜品店	制作蛋糕的原材料	不同颜色的超轻黏土等
	包装甜品的材料	方形礼盒、透明蛋糕盒、圆形食品罐、圆形透明蛋糕盒等
	其他材料	电话机、收银台、托盘、甜品台展示架、蛋糕盘、挂钩等
火锅店	（仿真）餐具、器具	汤锅、碗、盘、杯子、筷子、勺子、叉子、筷子收纳桶、蒸屉等
	（塑料、布织布）仿真食物	玉米、娃娃菜、黄瓜、丝瓜、茄子、红萝卜、白菜、西红柿、辣椒、饺子、煎蛋、包子等
	其他材料	收银台、纸箱和矿泉水瓶制成的自助香油机、自助饮料台、收银台、称重器、纸巾盒、纸巾、水壶、纸杯、吸管、矿泉水瓶、收纳筐、菜品分隔盘、围裙、挂钩等
备注	家具	矮柜、木质方桌、椅子等

4. 墙面提示

（1）展示餐馆区角的就餐流程与角色分工。

餐馆区角的墙面上以"图画＋文字"的形式展示就餐流程与角色分工（见图5-8-24）。可以由幼儿绘制游戏内容，由教师写上文字说明，包括点餐、制作、进餐、付钱等游戏流程。

（2）标示菜品的价格。

可以制作价目表（见图 5-8-25），用食物的图片和数字标示出菜品的价格。

（3）用幼儿的绘画作品展示游戏经验。

餐馆区角的墙面上可以张贴展示幼儿游戏经验的绘画作品，如图 5-8-26 所示。

图 5-8-24　就餐流程与角色分工图示

图 5-8-25　价目表

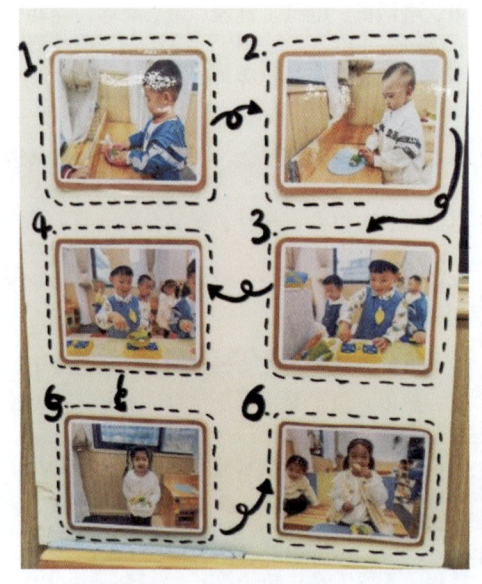

图 5-8-26　游戏经验展示示例

5. 整理标记

（1）选择便于幼儿操作的家具。

幼儿在游戏中有很多动手操作的环节，选取烹饪的锅具、器具、菜品，制作并品尝各类美食、点餐、买单，需要投放适合幼儿身高、方便操作的家具，如桌子、矮柜（见图5-8-27）等。

（2）多种收纳方式，便于幼儿分类整理。

图 5-8-27　矮柜

餐馆区角的各类材料、器具种类丰富、数量较多，因此需要按照材料、器具的类别分类整理。可以将区角里的收纳柜划分为几个不同的功能区，如食材区、器具区、杂物区等，充分利用收纳筐，如竹筐、菜品分隔盘、食品展示架、托盘等，将所有物品分区放置。

（3）材料标识要清晰，便于幼儿取用和整理材料。

清晰的材料标识便于幼儿识别、取用材料，同时可以帮助幼儿分类整理与归纳材料。材料标识可用简单的图案或数字进行编号，方便幼儿对照图案进行收纳，防止错放。

餐馆区角的环境创设作品示例如图 5-8-28 所示。

图 5-8-28　餐馆区角的环境创设作品示例

任务九　科学区环境创设

一、科学区环境创设基础知识

（一）科学区的定义

科学是指在探究具体事物和解决实际问题的过程中，尝试发现事物间异同和联系的过程。科学区是指为幼儿创设的，可以自由进行实验操作和科学探索的空间。幼儿园科学区是指教师通过投放各种低结构化的材料，使幼儿通过与材料的相互作用，获得物体属性和事物关系的知识并探索发现客观世界物理规律的活动场所。

幼儿在对自然事物进行探究和运用数学解决实际生活问题的过程中，不仅能够获得丰富的感性经验，充分发展形象思维，而且通过初步尝试归类、排序、判断、推理，能够逐步发展逻辑思维能力。幼儿科学学习的核心是激发探究兴趣，体验探究过程，发展初步的探究能力。成人要善于发现和保护幼儿的好奇心，充分利用自然和实际生活机会，引导幼儿通过观察、比较、操作、实验等方法，学习发现问题、分析问题和解决问题的能力；帮助幼儿不断积累经验，并应用于新的学习活动，形成受益终身的学习态度和能力。

（二）幼儿园科学区的价值

1. 在探究中感知科学的有用和有趣，培养幼儿基本的科学素养

幼儿的探究大致会经历"发现问题—假设—探究—得出结论—表达与交流"这个不断循环的过程。随着幼儿年龄的增长、认知的提升、能力的提高，探究的目的性会增强。幼儿在探究中有所发现时会感到兴奋和满足，从而感知科学的有用和有趣，因此需要从小培养幼儿基本的科学素养，增进幼儿对科学的情感，端正其科学态度。

2. 满足幼儿的好奇心，激发幼儿的求知欲

科学区中的操作材料往往蕴含着许多需要探究解决的科学问题，在科学区，幼儿通过直接接触感知、动手操作、反复体验进行学习，观察周围有趣的自然现象，探究事物的物理特性、相互关系和科学现象，从而真正地理解科学原理、热爱科学。

3. 培养幼儿科学探究必备的品质

幼儿在进行各种科学观察和探究活动时，会萌发对科学现象和问题的兴趣。在科学区，幼儿可以运用感官和工具并通过观察、对比、预测、分析等多种方式进行全面探究。通过对动植物的观察探究，养成尊重自然、尊重生命、爱护环境的意识；通过在探索过程中使用简单的符号、图画和文字，锻炼表达书写能力，通过对某一现象进行有序、连贯、清晰的描述，锻炼逻辑思维能力。

（三）科学区的环境创设原则

1. 体现年龄特点

不同年龄段的幼儿，对科学的认知理解程度不一样，因此，科学区要体现幼儿的年龄特点。

小班幼儿往往只看到事物的直观现象，在设置小班幼儿科学区时，应尽量选用材料简单、容易操作、现象单一的科学活动内容。如"风娃娃活动感知风的存在"，"吹泡泡活动观察吹出的泡泡都是圆的吗"等简单的科学活动。

中班幼儿对周围的世界更加熟悉了，会积极主动地去运用感官发现和探究周围事物之间的变化，了解事物的现象，有一定的观察判断能力。因此，应为中班幼儿选择内容现象对比明显、有显著差异性的材料丰富科学活动。如"奇妙的磁铁""沉与浮"等活动。

大班幼儿对周围世界有着积极的求知欲，喜欢问各种各样的问题，渴望得到科学的答案。因此，大班幼儿的科学活动应侧重运用多种材料、原理更加复杂的探究活动。如探究"种子的奥秘"种植并观察记录，"光与影"探索影子的形成，光的叠加、透视

现象等更具挑战性的活动。

2. 体现动态发展变化

科学区是幼儿主动探索、自由发展的空间，随着幼儿认知的不断深入，求知欲越来越强烈，教师应以幼儿发展的特征和需求为依据，及时更换所投放的材料和创设不同的科学活动，遵循动态发展变化的原则，充分调动幼儿参与科学活动的积极性，激发幼儿的好奇心和探究欲望。

3. 体现可操作性和安全性

幼儿的动手能力有限，思维主要是具象化思维。因此科学区材料的投放及活动的设计要注意可操作性，要相对简单、易于完成，以最大限度地激发幼儿的探究欲望。在为幼儿选择活动材料时，要注意选用无毒、无害、无味、无潜在危险的材料。在设计电、水、火等科学活动时，要事先进行安全教育，讲解操作注意事项。

4. 体现生活性

科学区的内容要贴近幼儿的生活，让幼儿容易理解、接受和感兴趣，使其能主动地去操作、探究、感知周围世界的神奇之处，从而体验和理解科学无处不在。在幼儿园中，教师要经常通过一些生活中的小实验帮助幼儿理解生活中的科学现象。

二、科学区环境创设的具体方法

科学区的环境创设包括区域标牌、场景布置、材料投放、墙面提示、整理标记五个要素。

（一）区域标牌

如图 5-9-1 所示是科学区区域标牌示例。科学活动的种类丰富、内容复杂，往往需要较大的操作空间，因此，有的幼儿园有专门的科探室。

图 5-9-1 科学区区域标牌示例

（二）场景布置

科学活动的种类多样，主要包括观察类、实验操作类、数学类、技术类等。因此，一般将幼儿园的科学区划分为自然角、科探区、数学区、棋盘游戏区等。

科学区既要提供一个丰富的、精心设计的、生活化的、有序的环境，又要提供一个开放的、变化的、有多种探索发现机会的环境以满足不同年龄段幼儿科学探究的需要，这样幼儿在科学区中才能充分活动、操作、尝试、摸索、探究，从而走进科学、热爱科学。

1. 自然角

自然角是专门饲养小动物、栽培植物、陈列实验用品的角落。一般陈列的东西都是生活中常见的自然物。自然角是神奇大自然的缩影，可以帮助幼儿探索自然世界的奥秘，建立对自然科学的兴趣。自然角应设置在光线充足的地方，便于幼儿种植、养殖、观察、记录和探索，如图 5-9-2 所示是自然角示例。自然角的占地面积相对较小，所需材料简单、易备，效果直观、易懂，适合各年龄段的幼儿。教师可以根据活动场地的实际需求，设置在窗台、阳台、墙角、柜面等区域，还可以设置在教室外面的走廊、过道、楼梯口等户外区域。

（a）光线充足的自然角　　（b）植物养护方法

（c）种子生长　　（d）自然角观察记录本

图 5-9-2　自然角示例

模块五 | 墙饰与区角

（e）沤肥区 　　　　　　　　　（f）小菜园

（g）种子博物馆 　　　　　　　（h）种子晾晒区

（i）种子展示盒 　　　　　　　（j）动物养殖房

（k）动植物共生区 　　　　　　（l）种植工具

图 5-9-2　自然角示例（续）

· 151 ·

2. 科探区

设置科探区主要是为了满足幼儿旺盛的求知欲和探索欲，如图 5-9-3 所示是科探区示例。科探区是幼儿操作、实验、探索的主要场所，因此科探区的环境应突出活动的可操作性、趣味性和游戏性，如图 5-9-4 所示。科探区应该设置在临近光源、电源和水源的地方，同时在区域规划时，还应该从安全的角度出发，关注活动场地的安全性，教师要能随时观察幼儿的活动情况。另外，科探区需要设置在一个相对安静、独立的环境，以支持幼儿的自主探究，保证幼儿能够全身心投入到操作和实验过程中去。

图 5-9-3 科探区示例

（a）磁铁的秘密　　（b）纸桥的力量

（c）纸的承重力　　（d）纸杯投影

图 5-9-4 科探区的可操作性、趣味性和游戏性

3. 数学区

在数学区，教师可以根据幼儿学习数学的认知特点、规律和方法引导幼儿感知事物的数量、空间和时间之间的关系，激发幼儿学习数学的兴趣，如图 5-9-5 所示是数学区中的学习素材图示。幼儿逻辑思维的建构开始于动作，幼儿对数学的学习应该先从外部形式的活动即对事物的操作开始，在操作和积极探索中逐渐实现由直接感知到表象，进而建构初步的数学概念。因此，数学区应该为幼儿提供足够的操作空间，包括适量的桌椅、充足的操作材料，让幼儿根据自己的发展水平与材料互动，感知数学。

（a）数数圆盘 　　（b）花店中的数学 　　（c）奶茶中的数学

（d）药品中的数学 　　（e）西瓜籽计数 　　（f）时钟数字

（g）数字书写 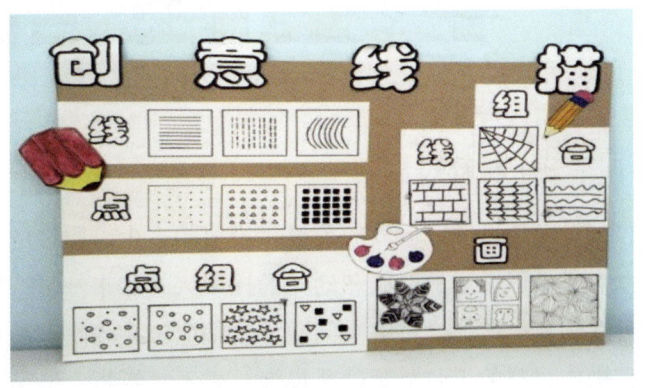　　（h）创意线描

图 5-9-5　数学区中的学习素材图示

4. 棋盘游戏区

棋盘游戏区是一个专门为幼儿进行棋盘游戏而设计的活动区域，这个区域通常包含了一个或多个棋盘、棋子及其他与游戏相关的材料。该区域的主要目的是为幼儿提供一个专注、有序且富有教育意义的空间，让幼儿能够在这个区域中进行各种棋盘游戏，从而在娱乐中学习和成长。如图5-9-6所示是棋盘游戏区图示。

布置棋盘游戏区时要充分考虑幼儿的年龄特点、兴趣爱好及教育目标。因此，棋盘游戏区应设置在科学区内一个相对独立且安静的区域，以减少外界干扰，保证幼儿能够专注地游戏和学习。棋盘游戏区应选择光线充足、通风良好的位置，确保幼儿在游戏过程中能够清晰地看到棋盘和棋子。教师可以根据棋的类型预计参与游戏的人数，合理规划空间，还应该在墙面或显眼位置设置游戏规则说明和步骤图，帮助幼儿快速了解游戏玩法。

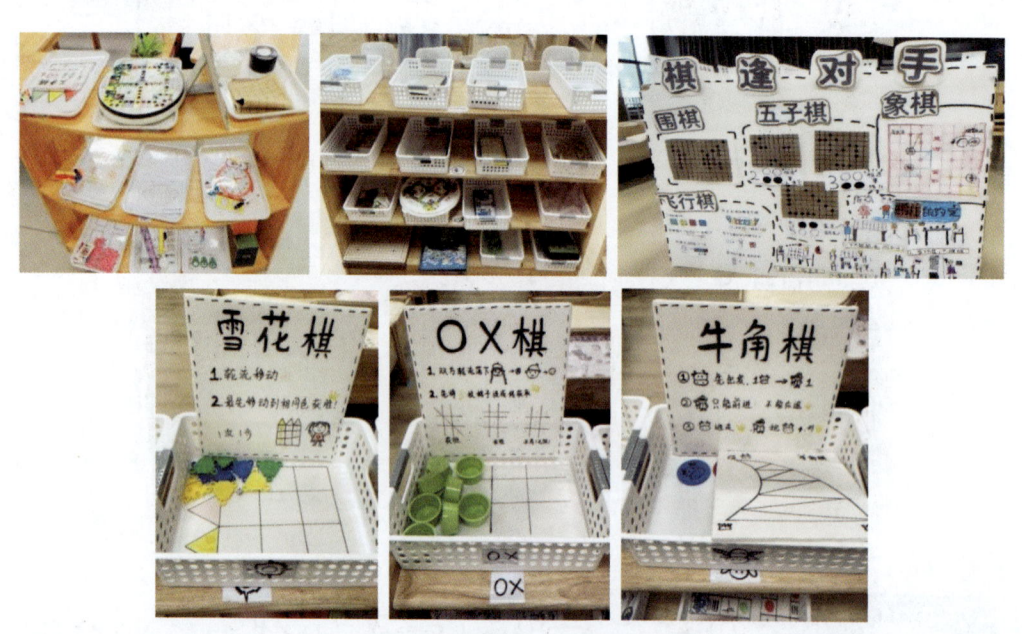

图5-9-6　棋盘游戏区图示

（三）材料投放

材料是科学区创设的关键，投放的多少、质量的好坏、材料之间的结构关系直接影响科学区活动的开展和幼儿的探索兴趣和求知欲。因此，投放的材料应该能够不断引发幼儿思考，尝试解决问题。教师应该多收集贴近幼儿兴趣和生活的材料，提供适宜操作材料的工具，让幼儿摸摸、看看、拆拆、装装、亲自操作，让幼儿动起来。主要应注意以下几个方面。

1. 材料的投放符合幼儿的兴趣，才能在幼儿活动中起作用

因为幼儿的学习活动主要是由兴趣和需要来维持的，所以在材料投放的过程中，要服从幼儿的兴趣和自身需要，注意材料的活力，使材料本身有趣，让幼儿喜欢这些材料。科探类操作材料的选择、设计要与幼儿密切联系，贴近幼儿的认知水平，从幼儿的兴趣爱好出发，幼儿看到的、使用的都可以成为活动的材料。

2. 提供丰富多样的材料，满足幼儿活动所需

材料要丰富多样，但并不是越多越好，要避免在同一个区域投放过多种类和数量的材料以使幼儿无法专心操作，不利于幼儿专注力的培养。教师可以根据不同的科学内容进行材料的投放，如根据力、水、光、声音等主题投放，根据进区人数容量控制投放材料的数量，与平行班互换材料或共享材料以集结各班的智慧为幼儿科学探索提供更大的空间。

3. 投放具有层次的材料，材料应与幼儿年龄相符，适应不同能力幼儿的发展需要

在科学区投放材料时，还应综合考虑不同年龄阶段幼儿发展水平的差异性及同一年龄阶段不同幼儿能力发展的差异性。

不同年龄阶段幼儿的发展水平不同，小班幼儿喜欢接触大自然，对周围很多事物和现象感兴趣，能用多种感官或动作去探索事物，关注动作产生的结果。因此，小班材料的投放应从生活中常见的光、影、颜色、声音、熟悉的物品出发，注意选择气味性强的材料，激发幼儿对科学探索的兴趣。

中班幼儿喜欢接触新事物，常常动手动脑去探索新事物，能对事物和现象进行比较，能简单地调查收集信息。因此，在科学区可提供指引图片，以引导幼儿大胆猜测答案，对现象进行比较。耗损材料可以循序渐进地投放，以帮助幼儿建立科学区的操作规范。提供记录的笔和纸，引导幼儿进行活动后的整理。

大班幼儿能够自主寻找答案，能够在探究中与他人合作交流。因此，在科学区可以投放具有复杂原理的材料，引导幼儿与同伴合作探究、分享交流，并且提供记录纸、计划表、笔等，鼓励幼儿跨区域选择材料，寻求答案。

4. 投放的材料要具有较强的操作性和目的性

幼儿的思维以具体形象思维为主，应注重引导幼儿通过直接感知、亲身体验和实际操作进行科学学习。只有活动符合幼儿思维发展的特点，幼儿才能通过操作探索将活动完成。科学区的材料投放还应具有教育目的性，可以帮助幼儿体验探索过程及发展探索能力，如表 5-9-1 所示是科学区材料投放表。

表 5-9-1　科学区材料投放表

区域名称	材料投放
自然角	常见的动物模型、植物标本、卡片、可养殖的动物（蚂蚁、蚕、小兔子、小乌龟、小鸟、小虾、河蚌、螺蛳、水族箱等）、花卉植物（文竹、绿萝、水仙花、芦荟、兰花草、金钱草等）、植物种子（向日葵、玉米、蚕豆、洋葱、土豆、红薯等）、种植容器（花盆、瓶子、罐头盒、易拉罐、小碗、小盆、塑料盒等）、种植工具（铲子、小锄头、浇水壶、手套、水桶、肥料等）
科探区	声学材料、光学材料、磁性材料、电学材料、力学材料及有关空气、水的材料等
数学区	数字卡片、数学符号、计数棒、几何图形、积木、拼图、尺子、天平、量杯、量筒、钟表、沙漏、计时器、故事卡片、纸笔等
棋盘游戏区	飞行棋、五子棋、井字棋、跳棋、象棋、围棋、主题棋盘（动物世界、交通工具、城市探索）等各种棋类棋盘
科学实验辅助材料	记录表、记录板、纸笔、尺子、科普书籍、画册、图片、展示板、放大镜、显微镜等

（四）墙面提示

科学区需要一个安静有序的操作空间，墙面提示应提醒幼儿排队进入科学区，以保证安静有序。科学类探究实验有时会用到水、电、火等，教师要做好安全提示，若使用电气设备，则需要提醒幼儿注意用电安全；对于可能产生热量的实验或装置，应做好防烫隔热措施及提示。悬挂或张贴一些科学实验的操作步骤示意图，以便幼儿能顺利地开展实验。

（五）整理标记

1. 区域标牌要清楚

区域标牌（见图 5-9-7）要清楚明了，以帮助幼儿定位区域。

图 5-9-7　区域标牌图示

2. 选择便于幼儿观察和操作的家具

科学区的家具要便于幼儿观察和操作，如可用于收集和展示材料的多层置物柜（见图 5-9-8），以方便存放不同尺寸的材料，同时要贴上相应的标签。还需要准备较大的桌子以方便幼儿操作和交流。

图 5-9-8　多层置物柜

3. 材料标识要清晰，便于幼儿取用和整理

清晰的材料标识有助于幼儿识别、取用材料，同时可以帮助幼儿分类整理与归纳材料。教师应使用实物、图片、数字、文字、字母、简笔画等幼儿看得懂的元素制作标识。如图 5-9-9 所示是分类的收纳区图示。

图 5-9-9　分类收纳区图示

4. 提供充足的空间，给幼儿讨论、交流、探究提供场地

在科学区，幼儿要进行观察、探索、分析、思考、交流、讨论、动手操作，因此，科学区应该提供一个充足的活动空间和操作场地，以满足幼儿的探索和实践需要。

三、科学区环境创设作品欣赏

如图 5-9-10 所示是科学区环境创设作品图示。

图 5-9-10 科学区环境创设作品图示

任务十　建构区环境创设

一、建构区环境创设基础知识

（一）建构区的定义

建构是指根据特定目标或需求，建立、创建或组建某种事物的过程。它强调在已有基础上进行构建，以形成新的结构或系统。建构广泛应用于建筑、教育、计算机等领域。

幼儿建构是指幼儿将不同种类、不同材质的建构材料、废旧材料，通过想象、创造和动手操作，搭建出各种形状、结构和场景的活动。这种活动融合了操作、思维、艺术与创造。

幼儿园建构区是教师通过提供丰富的建构材料和开放的环境，激发幼儿的创造力、想象力和动手能力，使幼儿自由想象、自主探索，搭建不同结构建筑物的游戏区域。

（二）幼儿园建构区的价值

1. 培养幼儿的空间感知能力

建构能够激发幼儿的探索欲和求知欲，在建构过程中，幼儿需要认识基本形状、空间关系、数量关系等空间概念，有助于幼儿发展空间知觉和空间想象力。

2. 培养幼儿的动手能力与想象力

幼儿在建构的过程中，既可以使用不同材质的玩具，也可以使用纸箱、奶粉罐等废旧材料。多样化且具有较强操作性的材料能够有效锻炼幼儿的手眼协调能力，使其小手指肌肉得到充分运动，提高其动作的准确性。同时，可以教授幼儿运用围合、架空、间隔、排列、对称等相关建构技巧进行组合搭建，以激发他们的想象力与创造力。

3. 促进同伴交往，使幼儿学会协商、分享与合作

幼儿园的建构游戏既可单独游戏，也可合作游戏。在游戏开始前，幼儿协商建构游戏主题和分工。在游戏过程中同伴分工合作，遇到困难一起协商解决，有助于培养幼儿的耐心和专注力。同时，同伴交往能力、团队协作精神在游戏中也能得到很大提升。

（三）建构区的环境创设原则

1. 遵循幼儿的年龄特点

在幼儿园建构区的环境创设中，遵循幼儿的年龄特点至关重要，这不仅能促进幼儿的智力发展，还能确保他们在安全、有趣的环境中成长。

小班建构区需要投放大型的泡沫积木、积塑等建构材料，方便幼儿抓握和操作。游戏主题可以围绕小班幼儿熟悉的家庭生活场景展开，如"搭建房子""动物乐园"等简单、直观的游戏主题，以激发幼儿的兴趣。

中班建构区的环境创设应注意材料的层次性，除了投放积木、积塑等，可以增加纸杯等辅助材料，在建构主题上可以适当增加难度，鼓励幼儿进行合作建构，培养幼儿的协作能力和社交技能。

对于大班幼儿，教师可以设定更复杂、更有挑战性的建构主题，以激发幼儿的探索欲和创造力，引导幼儿制订建构计划，培养他们的计划性和组织能力。

2. 安全与卫生

创设建构区时，教师应确保投放的建构材料无毒、无害、无刺激性，安全可靠，避免使用尖锐、易碎或有毒的材料。同时，教师要对建构材料进行定期清洗和消毒，保持游戏场地和建构材料的卫生。建构区的设备、设施及空间布局需要符合安全要求，避免存在尖锐边角、凸出物等可能导致幼儿受伤的设计。

3. 动态发展变化

随着幼儿年龄的增长和生活经验的丰富，幼儿的建构技能也在不断提升，教师需要定期对建构区进行调整，丰富建构主题，增加建构材料，以支持幼儿的游戏。

二、建构区环境创设的具体方法

建构区的环境创设包括区域标牌、场景布置、材料投放、墙面提示、整理标记五个要素。

（一）区域标牌

幼儿园在建构区设置区域标牌时会弱化文字，大多用典型图案来表示游戏主题，如用楼房等建筑图案（见图 5-10-1）。

图 5-10-1　建构区区域标牌图示

（二）场景布置

1. 游戏场地应安全、宽敞

在建构区的游戏过程中，幼儿需要多次搬运积木等材料，且与同伴之间的互动较多，因此游戏场地需要安全、宽敞。教室内或室外宽敞的区域都可以作为建构游戏的游戏场地。教室内可以选用带有万向轮的矮柜，在建构游戏开始前，将矮柜等可移动的家具挪开，以扩大建构游戏的场地面积；也可以灵活选择室外场地，如宽敞的走廊等。如图 5-10-2 所示是建构区游戏场地图示。

2. 游戏场地应光线明亮、空气流畅

游戏场地光线明亮、空气流畅是幼儿游戏的重要保障，室内游戏时可打开灯光，室外可借助自然光线。

（a）室内建构区　　　　（b）室外建构区　　　　（c）走廊建构区

图 5-10-2　建构区游戏场地图示

（三）材料投放

建构区的材料要根据幼儿的年龄特点和认知发展水平来投放。

对于小班幼儿，可以投放体积较大、容易抓握的泡沫积木（见图 5-10-3）、纸砖（见图 5-10-4）、大块的积塑（见图 5-10-5）和体积较大的玩具汽车（见图 5-10-6）等辅助材料。

中班幼儿的手指更加灵活，在原有小班建构材料的基础上，增加投放体积较小的乐高玩具，加强对幼儿手指灵活度的训练；投放不同质量的木头积木（见图5-10-7），让幼儿在建构过程中感受不同材料的质感和重量；投放塑料瓶、奶粉罐等废旧材料（见图5-10-8），既可以培养幼儿的环保意识，也可以增加建构活动的多样性与趣味性。

大班建构区的材料应以木头积木为主，以拼插玩具、各类废旧材料为辅，注重材料的可操作性，注重培养幼儿的空间感知能力和逻辑思维能力及解决问题的能力。

图5-10-3　泡沫积木

图5-10-4　纸砖

图5-10-5　积塑

图5-10-6　玩具汽车

图5-10-7　木头积木

图5-10-8　塑料瓶、奶粉罐

建构区材料投放见表 5-10-1。

表 5-10-1　建构区材料投放

年龄段	材料种类	材料投放
3～4岁	积木	泡沫积木、纸砖积木等
	大块拼插玩具	拼插管道、雪花片、大颗粒积木、齿轮积木等
	废旧材料	牛奶盒等
	辅助材料	玩偶、各类玩具汽车等
4～5岁	积木	木头积木、泡沫积木、纸砖积木等
	拼插玩具	拼插管道、雪花片、小块乐高玩具、齿轮积木等
	废旧材料	牛奶盒、奶粉罐、纸杯等
	辅助材料	各类玩具汽车等
5～6岁	积木	木头积木
	拼插玩具	拼插管道、雪花片、小块乐高玩具、齿轮积木等
	废旧材料	牛奶盒、奶粉罐、纸杯、矿泉水桶等
	辅助材料	各类玩具汽车等
备注	其他材料	尺寸不同的收纳筐、地垫等
	家具	矮柜等

（四）墙面提示

建构区的墙面提示应包括三个主要内容：常见建构技巧的展示、幼儿建构经验与建构作品的展示、游戏规则的介绍。

1. 常见建构技巧的展示

建构区的墙面上可以展示常见的建构技巧（见图 5-10-9），可以将图形与文字相结合，以图形为主，文字为辅，以便幼儿熟悉各类常见的搭建技巧。

2. 幼儿建构经验与建构作品的展示

教师可以拍照记录幼儿的游戏过程，保存幼儿优秀的建构作品，并展示在建

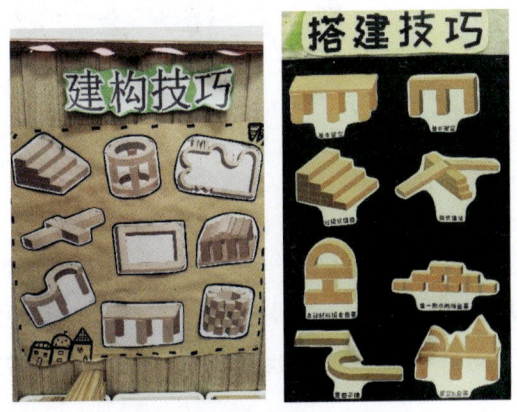

图 5-10-9　建构技巧墙面提示

构区的墙面上，表扬幼儿的辛苦付出，也以此鼓励其他幼儿。通过展示建构经验与建构作品，幼儿不仅能在建构游戏中学习和成长，还能体验到成就感和自我价值。如图5-10-10所示是建构经验与建构作品展示图示。

（a）建构经验

（b）建构作品

图 5-10-10　建构经验与建构作品展示图示

3. 游戏规则的介绍

游戏规则可以展示同伴人数、注意事项等（见图 5-10-11）。对于小班幼儿，可以用图画展示游戏规则；对于中大班幼儿，可用少量的文字和图画组合说明，帮助幼儿理解游戏规则，鼓励幼儿合作和分享，同时强调安全使用材料的重要性。

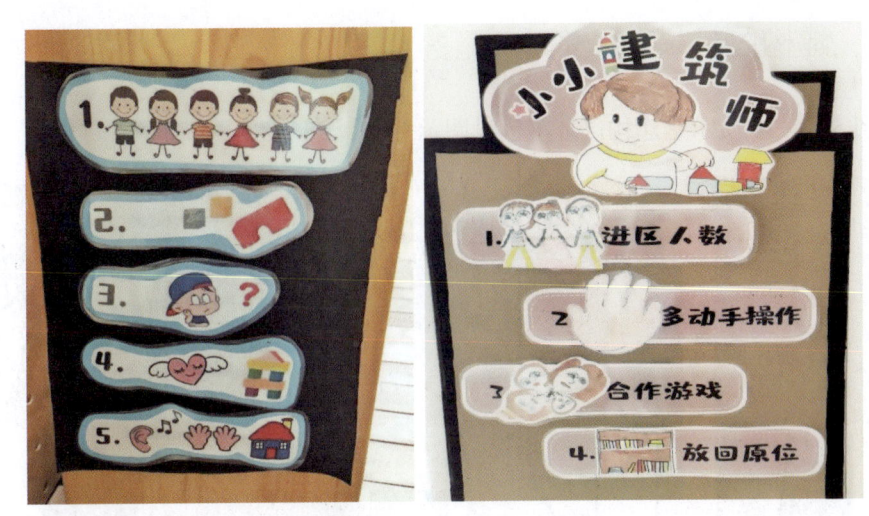

图 5-10-11　游戏规则介绍图示

（五）整理标记

1.收纳方式应多样，便于幼儿分类整理材料

建构区的建构材料数量众多、材质多样，材料的体积大小不一，应设置多种收纳方式。泡沫积木和玩具汽车等较大的材料可以整齐地摆放在矮柜（见图5-10-12）中。由于积木数量多，且部分积木体积特别大，所以可以整齐地摆放在矮柜中或依次落地摆放（见图5-10-13）。

图 5-10-12　矮柜　　　　　　　　图 5-10-13　积木的收纳

2.材料标识要清晰，便于幼儿取用和整理材料

清晰的材料标识有助于幼儿识别、取用材料，也可以帮助幼儿将同一材质的材料按照体积大小进行分类整理与归纳。可以在收纳盒外部贴上彩色图示作为标识，既有利于幼儿对照图示进行收纳，也有利于在收拾整理材料的过程中培养幼儿的图形辨识能力。

三、建构区环境创设作品欣赏

如图 5-10-14 所示是建构区环境创设图示。

图 5-10-14　建构区环境创设图示

任务十一　美工区环境创设

一、美工区环境创设基础知识

（一）美工区的定义

在幼儿园中，美工区是教师根据教育目标和幼儿的发展水平，为幼儿提供的一个自由欣赏和创作美术作品的个性化学习场所。

（二）幼儿园美工区的价值

1. 促进审美能力的发展

幼儿在美工区有机会欣赏各种富有美感的作品和生活中美好的事物。通过接触和使用各种艺术材料，有助于培养幼儿对美的感知能力和欣赏能力。

2. 促进想象力和创造力的发展

美工区鼓励幼儿自由发挥，有助于激发幼儿的创新思维和想象力。

3. 促进手眼协调能力的发展

美工活动需要幼儿手、眼、脑并用，有利于促进幼儿手部肌肉群的发育和手部动作灵活性与精巧性的提高；同时手部运动还有利于促进大脑发育，从而促进幼儿手、眼、脑的协调发展。

（三）美工区的环境创设原则

1. 遵循幼儿的年龄特点

美工区的环境创设应考虑幼儿的年龄特点与实际发展水平。在小班美工区，教师可以提供简单、易操作的美术材料和工具。美术材料应色彩鲜艳、造型生动，以吸引幼儿的注意力。此外，美术活动类型应以涂色、剪纸、粘贴等简单活动为主，有助于锻炼小班幼儿的手眼协调能力，同时培养他们对美术活动的兴趣。

在中班美工区，教师可以提供更多种类的美术材料和工具，如彩纸、剪刀、胶水、颜料、画笔、黏土等，这些材料应具有一定的挑战性和多样性，以满足中班幼儿的好奇心和探索欲。此外，还可以适当增加活动的难度，如进行简单的绘画创作、手工制作等，这些活动有助于发展中班幼儿的想象力和创造力，同时提高他们的动手操作能力。

在大班美工区，教师可以提供更高级、更复杂的美术材料和工具，如水彩、油画棒、版画材料、立体手工材料等，以满足大班幼儿对艺术创作的更高追求。同时应鼓励大班幼儿进行具有挑战性的创作活动，如主题绘画、手工制作等，以发展大班幼儿的创新思维和问题解决能力。

2. 动态发展变化

随着幼儿身心的发展，教师需要根据幼儿兴趣的变化，定期调整、更新材料，以促进幼儿审美能力和动手能力的发展。

二、美工区环境创设的具体方法

美工区的环境创设包括区域标牌、场景布置、材料投放、墙面提示、整理标记五个要素。

（一）区域标牌

区域标牌可以提示美工区的功能，同时能结合美工区的内容美化环境，凸显区域特色。区域标牌可以悬挂在天花板上，也可以摆放在区域门口。标牌的呈现既可以是"美工区"三个字，也可以写上或画上区域规则，并进行相应的装饰（见图5-11-1）。

图 5-11-1　美工区区域标牌示例

（二）场景布置

1. 布局

美工区的材料丰富，需要相对大一点的空间。美工区可以分为作品陈列区和创作区，作品陈列区可以分为欣赏区和未完成作品区；创作区可以进一步分为绘画区和手工区。如图5-11-2所示是美工区场景布置图示。

图 5-11-2　美工区场景布置图示

2. 设置要求

（1）整体色彩协调、舒适，根据季节进行调整，能激发幼儿的创作欲望，具有美感。

（2）周围环境相对安静，以防幼儿在创作过程中被打扰。

（3）光线充足，避免阳光直射，方便幼儿晾晒作品。

（4）靠近水源，方便取水和清洗。

(三)材料投放

1. 材料类型

(1)常规材料。

粘贴固定工具：糨糊、固体胶棒、胶水、白乳胶、透明胶座及透明胶带、双面胶等。

裁切工具：安全剪刀、花边剪刀、打洞机等。

笔刷类：油画棒、水彩笔、蜡笔、粉笔、彩色铅笔、勾线笔、水粉画笔、毛笔、毛刷等。

印刷类：各类印模、印台、印章、油墨、滚筒、简易版画工具等。

各类纸张：大小和色彩不同的色纸、书画纸、蜡光纸、瓦楞纸、报纸、宣纸、卡纸、手工纸、皱纹纸、手揉纸等。

雕塑类：黏土、陶土、面包土、橡皮泥、面粉团等塑造材料和擀面棍等塑造工具。

缝织类：大针孔的针、织布机、绣花棚子、花布、白布、毛线、丝线等工具和材料。

颜料：广告颜料、水粉颜料、丙烯颜料、墨汁等。

废旧材料：纸板、牙签、纸巾轴、空瓶子、空罐子、扣子、纸盒、瓶盖、吸管、纸杯、免洗筷、花边、碎布、铁丝、铜丝等。

辅助材料：画架、水桶、桌布、塑胶布、垃圾桶、塑料筐、擦手毛巾、海绵、小碟子、防水围裙、工作罩衣、抹布等。

(2)自然物。

果壳、种子、石头、落叶、蛋壳、贝壳、树枝、树皮、竹子、树叶等。

(3)欣赏类。

平面图片：包括名画、工艺品等艺术作品，通常以绘画类作品居多，可以是水墨画、油画、水彩画、版画等多种形式。

立体实物：各类工艺品，如剪纸、风筝、竹制品等；各类日常用品，如餐具、服饰等；其他还有动漫人物画、糖纸等。

(4)其他。

除常规材料外，可以根据活动主题、季节、节日等投放相应材料。

2. 投放原则

(1)层次性原则。

在投放材料之前要观察幼儿，投放适合幼儿实际发展水平的活动材料，分析材料呈现的难度层次是否适合幼儿的心智水平，是否需要增加或减少难度，以尽可能多地考虑幼儿的实际发展水平。投放不同难度层次的材料，既可以满足一般水平幼儿的发展需要，又可以照顾到能力较强和较弱幼儿的发展需要，使幼儿都能在美工区中进行探索和创作。

（2）目的性原则。

教育目标不是教师强制要求的，而是通过材料表现出来的，材料的投放要为教育目标服务，也就是说教育目标可以隐含在投放的材料中，渗透在教师所创设的环境中。教师通过有目的地投放范例材料，能够大大激发幼儿的创作兴趣和灵感。幼儿一旦进入教师精心创设的环境中，通过与材料互动，即可获得某方面的发展。

（3）安全性和艺术性原则。

在美工区，应该将材料的安全性放在首位。教师应选择无毒、无味、对幼儿无伤害隐患的材料，并在投放前对其进行清洁消毒。此外，在保证安全性的基础上，也应该注意包装和制作的艺术性，注意材料之间的色彩搭配，以激发幼儿的兴趣。

（四）墙面提示

美工区的墙面提示可以根据季节、节庆活动等设计不同的主题色，其与美工区的整体色调应保持统一，并根据主题进行装饰。美工区的墙面可以设为名画欣赏区、作品展示区、规则提示区等，如图 5-11-3 所示是美工区墙面提示图示。其中，规则提示应注意以下内容。

（1）美工区相对较大，需要规定进区人数，一般为 5～6 人。

（2）美工区需要相对安静的环境，应要求幼儿在该区域时尽量保持安静，以营造轻松舒适的创作环境。

（3）美工区的部分工具和材料在使用时存在一定的危险，在不同的年龄班可以提示不同工具和材料，如剪刀等较尖锐工具的使用注意事项。

（4）美工区的材料种类繁多，应提示幼儿将使用后的材料放回原处，以帮助幼儿养成良好的行为习惯及卫生习惯。

图 5-11-3　美工区墙面提示图示

图 5-11-3 美工区墙面提示图示（续）

（五）整理标记

美工区的材料和工具应分类装进收纳筐，可以将绘画材料、手工材料分区陈列（见图 5-11-4），在每个收纳筐的统一位置张贴筐内物品的照片，以方便幼儿使用。

图 5-11-4 美工区分区陈列图示

图 5-11-4　美工区分区陈列图示（续）

注意：整理标记可以根据家具、收纳材料的特点灵活处理，同一物品在收纳筐和陈列柜相应的位置应张贴统一的标记，以便幼儿使用后放回原位。

三、美工区环境创设作品欣赏

如图 5-11-5 所示是美工区环境创设作品图示。

图 5-11-5　美工区环境创设作品图示

图 5-11-5　美工区环境创设作品图示（续）

任务十二　表演区环境创设

一、表演区环境创设基础知识

（一）表演区的定义

表演是一种通过语言、动作、音乐、舞蹈等多种方式，将情感、思想或故事等元素表现出来的艺术形式，它可以在舞台上呈现，也可以在影视作品等媒介中展现。在表演中，表演者通过精湛的技艺和真挚的情感，给观众带来视听的享受和艺术的美感，使其产生共鸣、思考。同时，舞台设计、灯光、音效等辅助元素对于表演的成败也起着至关重要的作用。表演的形式多样，包括戏剧、音乐会、舞蹈演出、杂技表演、魔术表演等。

适用于幼儿的表演活动是故事表演、音乐表演和其他形式的表演。

故事表演是幼儿依据童话故事等文学作品中的情节来扮演不同角色进行表演的游戏，如童话剧、皮影戏、木偶剧、手偶剧等。

音乐表演是幼儿通过唱歌或跳舞等方式，将音乐作品的情感、节奏和韵律以视觉和听觉的形式展现出来的活动。这种表演形式不仅可以让幼儿更加深入地理解音乐作品，还可以培养幼儿的音乐感受力、表现力和创造力。

此外，还有服装秀等其他形式的表演。各种类型的表演可以相互融合，形成更加丰富多彩的表演形式。这种跨学科的表演方式可以拓宽幼儿的艺术视野，激发幼儿的创造力和想象力。

幼儿园表演区是教师为支持幼儿表演而创设的区域。在表演区内，幼儿自由选择角色、道具和剧本，通过模仿、表演和互动来表达自己对文学作品、音乐作品等的情感和想法。

（二）幼儿园表演区的价值

1. 培养幼儿的语言表达能力

表演是幼儿学习文学作品的一种方式。通过表演，幼儿可以加深对文学作品故事内容、情节发展、人物关系、主题思想的理解。幼儿对文学作品内容熟悉后，通过表演的方式呈现出角色的对话、情感、动作、思想，有助于其语言表达能力的发展。

2. 激发幼儿的表演才能，提升幼儿的审美能力

在表演中，幼儿除了表现扮演的角色，还需要注意自己的舞台形象、仪表仪态。同时，幼儿会穿上漂亮的演出服装，舞台也会根据演出剧目进行布置，幼儿能够感受美、欣赏美，从而提升审美能力。

3. 体验合作表演的乐趣，培养合作能力

幼儿园的表演大多需要多名幼儿合作。幼儿需要在排练中反复练习自己所扮演角色的台词、动作，与其他角色相互配合，有助于培养幼儿的合作能力。

4. 培养幼儿的想象力与创造力

通过表演可以培养幼儿的想象力和创造力。幼儿在熟悉既定的文学作品、音乐作品后，可以对部分情节进行改编、创作，想象角色的动作，同时可以借助一些道具，创造性地反映情节。

5. 培养幼儿的自信心

幼儿在舞台上表演，需要克服自己的胆怯和对舞台的恐惧，通过反复排练和表演的过程可以锻炼幼儿的自信心。

（三）表演区的环境创设原则

1. 遵循幼儿的年龄特点

幼儿园的表演区应以幼儿的年龄段与发展水平为基础，同时根据表演主题的需要进行环境创设。小班的表演主题可以是一些幼儿熟悉的童话故事，如小蝌蚪找妈妈等，

投放的材料可以以动物头饰、动物连体服装为主。中班和大班的表演主题比较广泛，投放的材料也可以随之变得丰富。

2. 动态发展变化

随着幼儿身心的发展，幼儿游戏的能力也会不断发展，教师需要根据幼儿兴趣的变化，定期调整、更新材料，以支持幼儿的游戏。

二、表演区环境创设的具体方法

表演区的环境创设包括区域标牌、场景布置、材料投放、墙面提示、整理标记五个要素。

（一）区域标牌

1. 室内表演区

一般对表演区区域标牌的设置没有固定的要求，一些班级的室内表演区（见图 5-12-1）没有设置区域标牌，因为通过投放的道具、乐器及演出服装等，幼儿能一眼辨别出游戏内容。

2. 公共区域表演区

如果幼儿园有面积较大的公共区域，可以设置一个供所有班级轮流游戏的表演区，如公共区域剧场（见图 5-12-2），并且需要设置一个明显的区域招牌。

图 5-12-1　室内表演区　　　　图 5-12-2　公共区域剧场

（二）场景布置

1. 合理规划各功能区

表演区根据游戏内容的需要常设置以下几个子区域。

服装区（见图 5-12-3）：投放各类演出服装，幼儿在游戏中可以根据演出内容或自己的喜好选择服装。

造型区（见图 5-12-4）：投放各类头饰、首饰，幼儿在演出前给同伴或自己做造型。

图 5-12-3　服装区　　　　　　　图 5-12-4　造型区

器具区（见图 5-12-5）：投放各类演出的乐器和道具，幼儿在游戏前根据演出内容自选乐器和道具。

舞台：设置一个可供幼儿演出的舞台，并投放音响等舞台设备。

（a）小型乐器与道具　　　　　　（b）大型乐器

图 5-12-5　器具区

2. 提供充分的操作空间

在表演开始前，幼儿需要做各种演出准备，因此需要提供种类丰富、数量充足的服装、乐器、道具，以及较宽敞的舞台等，以支持幼儿的顺利演出。

（三）材料投放

表演区的材料应根据演出节目、表演内容，以及各功能区的设置进行投放。如皮影剧场投放皮影道具（见图 5-12-6）；服装区投放各类演出服装；造型区投放各类头饰、首饰；器具区投放各类演出的道具和乐器，如奥尔夫乐器（见图 5-12-7）、大型打击乐器（见图 5-12-8）等。

图 5-12-6　皮影道具　　　　　　图 5-12-7　奥尔夫乐器

图 5-12-8　大型打击乐器

表演区材料投放见表 5-12-1。

表 5-12-1　表演区材料投放

材料种类	材料投放
头饰	动物头饰（兔子、小狗、小猪、小猴、小熊、老虎、狐狸、斑马等）、人物头饰（男孩、女孩、老爷爷、老奶奶等）
舞台及相关设备	（皮影）演出舞台、舞台背景、音响、话筒等
演出服装	不同款式的公主裙、动物连体服、少数民族服装等
道具	皮影戏相关道具、手偶（人物、动物等）、各类造型不同的发箍、款式不同的太阳镜、蝴蝶结、假发、项链等

续表

材料种类	材料投放
奥尔夫乐器	非洲鼓、军鼓、牛皮鼓及鼓架、鼓槌、手摇铃、沙锤、串铃、沙柱、三角铁、碰铃等
自制乐器	装有不同重量物品的塑料瓶、小哑铃、吉他、小鼓等
其他材料	收纳筐、衣架、落地挂衣架、镜子、托盘、地垫等
家具	桌子、椅子、矮柜等

（四）墙面提示

表演区的墙面提示可以包含以下内容。

1. 记录表演经验

让幼儿通过绘画记录自己表演的精彩瞬间，以及在表演过程中遇到的困惑、获得的表演经验，有助于幼儿进行总结，并激发幼儿的探索欲望。

2. 展示游戏内容与规则

用图画和少量文字介绍表演者和观众的游戏内容。例如，对于参与表演的幼儿，需要在表演前装扮自己，在演出过程中应勇敢表现自己，和同伴一起完成表演；对于观众，则需要认真、安静地观看表演，并在表演结束后鼓掌。同时，需要标示游戏规则，如爱护材料并整齐摆放等。

（五）整理标记

1. 选择便于幼儿操作的家具

幼儿在游戏中需要选择服装、头饰来装扮自己，挑选适合表演的道具、乐器等，因此需要投放适合幼儿身高、方便操作的收纳柜、桌椅等。

2. 收纳方式多样，便于幼儿分类整理

表演区的材料众多，包括演出服装、头饰、道具、乐器等，因此需要分类整理。幼儿园可提供落地挂衣架（见图 5-12-9），以方便幼儿自主挑选服装。对于乐器、道具的收纳，则需要提供各种尺寸的收纳筐、托盘（见图 5-12-10），以便幼儿分类整理。

3. 材料标识要清晰，便于幼儿取用和整理材料

材料标识要清晰以便于幼儿识别、取用材料，同时可以帮助幼儿分类整理与归纳。材料标识可用数字进行编号，或者粘贴简单的图案，以便幼儿对照图案进行收纳，防止错放。

图 5-12-9　落地挂衣架　　　　图 5-12-10　托盘

三、表演区环境创设作品欣赏

如图 5-12-11 所示是表演区环境创设图示。

图 5-12-11　表演区环境创设图示

模块六　幼儿园环境创设整合

一、幼儿园环境创设整合概述

（一）幼儿园环境创设整合的概念

整合是指把零散的事物或元素通过一定的方式组合在一起，使其成为一个协调、统一的整体，以达到更好的效果或实现特定的目标。幼儿园环境创设整合指教师在环境创设时通过合理的设计和布置，把零散的环境要素组合衔接，使幼儿园环境达到统一和谐的效果，以更好地服务于幼儿园的教育教学工作。

（二）幼儿园环境创设整合的意义

幼儿园的教育要体现整合的原则，作为隐性课程的幼儿园环境也需要整合。有些幼儿教师在进行环境创设时习惯基于分化的思维，这种做法或许对某个墙饰和区角的环境创设是适宜的，但对于一个班级整体的环境创设来说往往是凌乱的，甚至是相互矛盾的。因此幼儿园环境创设整合的意义在于以下几个方面。

（1）整合可以消除信息孤岛，避免重复工作和资源浪费。例如，生活区在制作整理标识时，如果能够进行统一设计，那么幼儿更容易识别，教师更容易管理，同时减少了工作量。

（2）整合可以促进不同部分之间的协同工作和相互配合。比如，在一个班级内，每个墙饰单看色彩都很和谐，但放在一起看却显得花里胡哨，教师通过整合色彩，可以让班级的整体色调更加协调。再比如，一些班级吵闹的表演区与安静的美工区毗邻而居，如果整合一下空间，就可以使班级环境变得更加和谐。

（3）整合可以将各个部分的优势进行互补，形成更大的协同效应和创造更大的价值。比如，在进行主题活动"中秋节"的环境创设时，除了可以在主题墙进行创设，还可以在区角配合布置相应的"中秋节"元素。再比如，在美工区投放做月饼的材料，在语言区投放关于中秋节的绘本等。

（三）幼儿园环境创设整合的原则

（1）教育性原则。整合的目的是通过资源共享和协同工作，将不同的元素重新组合，形成一个更大更有力的整体，以更好地达成目标。幼儿园的环境创设整合是为了更好地实现教育教学目标而进行的资源整合，无论怎样整合，都要以是否更有利于达成教育教学目标为原则。

（2）合理设计原则。合理设计是实现环境创设整合的前提条件。合理设计指的是在进行幼儿园环境创设时要分析有哪些环境要素、它们之间的关系如何，以及如何将各环境要素协调起来。

（3）重点突出原则。重点突出原则指的是环境创设要有针对性。首先，不同年龄班环境创设的重点应该不同，如小班的环境创设应强调生活性功能、中班的环境创设应强调同伴交往功能、大班的环境创设应强调学习功能。其次，针对不同的教育活动，环境创设的重点应该不同。

（4）师幼共同参与原则。师幼共同参与原则是指在进行幼儿园环境创设时要发挥教师和幼儿的参与作用，具体来说就是规划好环境创设中哪些是教师负责的部分，哪些是幼儿负责的部分。

二、幼儿园环境创设整合的方法

（一）从时间上整合

从时间上整合指的是教师应把环境创设看成是一个动态的过程，并非一次性完成的任务。环境创设应是预设和生成的统一，一般来说，幼儿园的环境创设是以学期为单位进行整体规划的，主要分为以下三个阶段。

（1）学期前：根据本学期的教育教学目标和内容对环境创设方案进行整体设计。

（2）学期中：根据班级教育活动的开展情况对环境创设方案进行补充、调整和完善。

（3）学期后：整理本学期的环境创设方案，将其作为教育评价的支撑材料。

（二）从空间上整合

从空间上整合指的是在做环境创设时要合理规划空间。幼儿园的环境创设一般是以一个标准班的物理空间来进行规划的，如图6-1-1所示是某班环境创设的平面设计图。在进行空间规划时，我们需要考虑各类环境创设的合理位置，如家长墙、主题墙的摆放位置等。

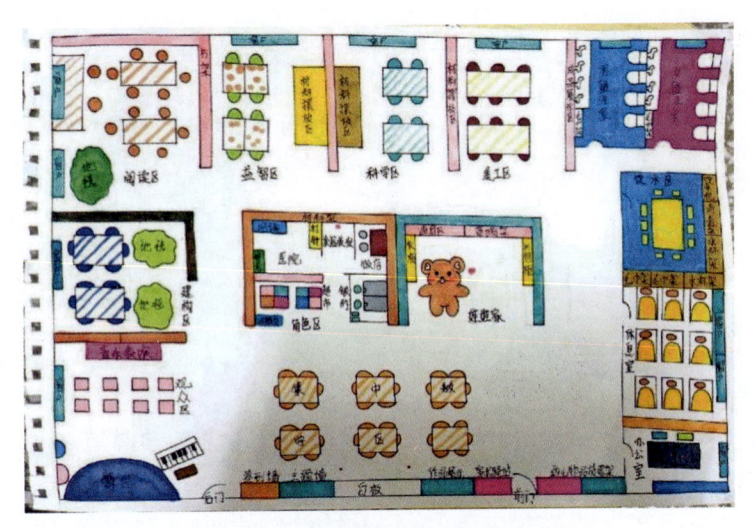

图 6-1-1　某班环境创设的平面设计图

1. 墙饰的位置

一般来讲，家长墙适宜摆放在班级门口的墙面上，因为这里是家长接送幼儿驻足的地方。主题墙适宜摆放在活动室里最大、最显眼的一面墙上，最好是幼儿集体教育活动正前方的位置。常规墙的位置可以根据类型合理选择空间，如打卡墙适合放在进门处；值日生墙适合放在靠近生活区的地方；明星宝贝墙适合靠近家长墙，让家长一起为宝宝加油。文化墙一般分散布置在天花板、教室转角、走廊等非活动空间。

2. 区角的位置

一个班通常有 10 个左右的区角，一般来讲，生活区的功能主要围绕幼儿的吃喝拉撒来设置，所以在房屋建造时位置都是相对固定的；体育区的布置一般考虑在班级门口的露台、走廊等适合运动的区域；语言区的位置可以选择靠窗近一点，光线较好又相对比较安静的区域；角色区由于同伴角色交流互动比较多，可以将各种角色区布置在一起形成一个大的交互性的区域；科学区的位置主要看类型，如果是自然角则布置在阳台等利于植物生长的位置，如果是数学角或益智角则布置在比较安静的角落；建构区可以充分利用靠墙角的空间或楼梯下的空间进行布置；由于绘画等手工活动的特殊需要，美工区适合布置在取水方便的位置；表演区由于需要使用播放器且比较吵闹，适合布置在远离安静区域的地方，如活动室门外。

（三）从内容上整合

从内容上整合是指，墙饰和区角的设计应在班级主题活动的统领下统一设计。举例来说，某大班正在开展主题教育活动"美丽的扎染"，那么墙饰和区角的设计都可以与"扎染"相关，处处体现"扎染"这一主题（见图 6-1-2）。

图 6-1-2　某大班扎染主题的环境创设图示

（四）从形式上整合

从形式上整合指的是在进行环境创设时要保证色彩、形象、风格的统一，让整个班级的环境创设体现出和谐一致的美感。

1. 色彩的统一

色彩的统一不仅能影响幼儿的情绪，还能影响幼儿认知和创造力的发展，因此在进行环境创设整体规划时应考虑班级的整体配色方案。首先，应该遵循基本配色原理，做到整体色彩和谐统一；其次，色彩的选择应与幼儿的年龄段相适宜，不同年龄段的幼儿对色彩的偏好是不同的；最后，在进行整体配色时建议选择较温暖的、明亮的色彩如黄色、橙色、绿色等作为主色调，同时搭配一些柔和的、自然的色彩如米色、白色、蓝色等作为辅色调。

2. 形象的统一

形象指艺术形象，每个班在进行环境创设时可以考虑设计出自己班的"班宠""班标"等艺术形象，如将"小白兔"的形象作为班宠渗透在各个区角的环境中（见

图 6-1-3），体现出和谐的美感。

图 6-1-3　某班的班宠"小白兔"

3. 风格的统一

如同房屋有统一的装修风格，幼儿园班级的环境创设也应有自己独特的艺术风格。常见的艺术风格有如下几种。

（1）自然风格。常用自然材料如木材、石头等布置环境，营造出清新、质朴的氛围（见图 6-1-4）。

图 6-1-4　自然风格

（2）卡通风格。常将幼儿熟悉的卡通形象如功夫熊猫等融入墙饰和区角的布置，营造出夸张、幽默的氛围（见图 6-1-5）。

图 6-1-5　卡通风格

（3）民族风格。常用具有代表性的民族元素进行环境创设，营造特定的民族文化氛围。

课后作业

调研一个幼儿园某班级的环境创设，从整合的角度进行评价，并根据上述调研的情况给出整合的建议。

参考文献

[1] 曾俊萍，孙迎春. 学前教育专业手工制作 [M]. 武汉：华中科技大学出版社，2021.

[2] 朱巧玲. 手工（第三册）[M]. 北京：北京邮电大学出版社，2020.

[3] 沈建洲，张克顺. 幼儿园教育环境创设 [M]. 上海：复旦大学出版社，2022.

[4] 王微丽. 幼儿园区域活动环境创设与活动设计方法 [M]. 北京：中国轻工业出版社，2022.

[5] 张晖. 幼儿园环境创设公共环境 [M]. 南京：江苏凤凰电子音像出版社，2021.

[6] 桑德拉·邓肯. 儿童视角的幼儿园班级环境创设 [M]. 北京：中国轻工业出版社，2020.